Richard Filz Ulrich Moritz

Body Groove Kids 2

Bodypercussion
für Kinder und Jugendliche
von 9–13 Jahren

HELBLING

Innsbruck • Esslingen • Bern-Belp

Inhalt

= Videoclips
= Audioaufnahmen

Vorwort

Der erste Band der „BodyGroove"-Reihe richtete sich an die Lehrer* der 6- bis 10-jährigen Kinder – und er ist auf eine erfreuliche Nachfrage gestoßen! Daraus wird deutlich, wie groß der Bedarf an solchen kleinen Rhythmusstücken ohne Instrumente ist – wenn es die „richtigen" sind: mit einer zeitgemäßen Sprache, mit Wort- und Spielwitz und einem angemessenen Schwierigkeitsgrad.

Jetzt halten Sie den zweiten Band in den Händen, der für den Unterricht mit Kindern von ca. 9 bis 13 Jahren gedacht ist. Sie, liebe Leserin, lieber Leser, gehören zu den glücklichen Menschen, in deren Leben Musik eine wichtige Rolle spielt. Und vermutlich haben Sie beruflich mit Kindern und Jugendlichen zu tun: mit ihrer Lebendigkeit und Unbeschwertheit, ihrer Fröhlichkeit und Power, vielleicht auch mit ihrer demonstrativen „Coolness" und ihrem manchmal betonten Desinteresse. Aber wenn Rhythmus und Kinder zusammenkommen, dann treffen meist positive Energien aufeinander. Und es kostet sogar Mühe, sich von der Lebensfreude der Rhythmen nicht anstecken zu lassen. Die Stücke dieses Buches und die methodischen Tipps können helfen, diese Kraft und Kreativität freizusetzen, zu fördern und zu lenken.

Die Spanne von 9 bis 13 Jahren umfasst Schüler vor und in der Pubertät und dadurch noch ganz „kindliche" Kinder sowie Jugendliche, die zeitweise schon „Fast-Erwachsene" sind. Für manche von ihnen ist Schule noch ein Ort der Lernlust und der Entdeckungen, und die Lehrer sind kluge, freundliche Vorbilder und Ratgeber. Für andere wird Schulunterricht allmählich das Synonym für Fremdbestimmung und Zwang, und alles, was Lehrer von ihnen verlangen, ist zunächst zu schwierig oder zu kindisch.

Die Alterszuordnungen von Unterrichtsinhalten im Bereich Rhythmus sind gewagt und immer relativ. Schon mit manchen dritten Klassen kann man sich an etliche Stücke dieses zweiten Bandes wagen, wenn sie früh und kontinuierlich Rhythmus praktiziert haben. Andererseits gibt es siebte Klassen, die kaum aktiven Musikunterricht erlebt haben und noch nie ein Instrument in den Händen hatten. Diese Klassen müssen dann mit Geduld, Überzeugung und Fantasie und so, dass sie sich nicht wie kleinkindliche Anfänger behandelt fühlen, an Rhythmus und Bodypercussion herangeführt werden. Auch dafür finden Sie in diesem Band Anregungen.

Vielleicht aber leiten Sie Gruppen von Erwachsenen, denen Rhythmus einfach Spaß macht und die ihre körperliche und geistige Fitness üben und erhalten wollen. Oder Sie bilden Menschen aus, die Musikpädagogik, Musiktherapie, Rhythmik, Elementare Musikerziehung, Sozialpädagogik studieren. Je nach Alter, Größe, Interesse und Level der Gruppe und nach Vorlieben und Fähigkeiten des Leiters können aus den vorliegenden Spielstücken angemessene Spielformen entwickelt werden, die auch erwachsene Gruppen faszinieren. Und für weiter fortgeschrittene Spieler hält der dritte Band „BodyGroove Advanced" das geeignete Material bereit.

Ganz gleich, ob wir in einer Trommelrunde sitzen, mit Samba-Trommeln durch die Straßen ziehen oder ein Bodypercussion-Stück erlernen: Rhythmusunterricht soll ein spannendes, den ganzen Menschen „packendes" Erlebnis sein. Wo und mit wem auch immer Sie unsere Spielstücke einsetzen: Machen Sie sie zu Ihren eigenen! Haben Sie Freude am Trommeln und mit den Menschen!

Das wünschen

Richard Filz **Ulrich Moritz**

*Der einfacheren Lesbarkeit halber wird jeweils nur die männliche Form verwendet.

Einleitung

Überall auf der Welt gehört Musik zum Menschen. Musik zu hören verschafft uns Genuss, Entspannung, Kraft und weckt die verschiedensten Gefühle. Musik zu machen verlangt und schafft Individualität und Gemeinsinn, Teamwork und Selbstbewusstsein. Gemeinsames Musizieren kann ein lebenslanger Glücksbringer sein und unsere Lebensqualität entscheidend steigern.

Jegliches Musizieren fordert und fördert Körper, Geist und Verstand und gelingt nur in der Kommunikation. Rhythmische Fähigkeiten sind für jede Art von Musik von herausragender Bedeutung: Ohne rhythmisches Mitempfinden können wir keine Melodien verstehen oder spielen, ohne Rhythmusgefühl können wir nicht tanzen, ohne Rhythmusfähigkeit können wir nicht zusammen musizieren.

Für Jugendliche ist Musik oft das Medium, mit dem Identität und Gruppenzugehörigkeit bevorzugt ausgedrückt werden. Viele 11-Jährige haben entschiedene musikalische Vorlieben. Sie bewundern Pop- und Rockstars, eifern ihnen in ihrem Style nach, manche üben selbst fleißig zu singen und bewerben sich in Casting-Shows, oder sie erlernen ein Instrument. Und Rhythmus ist das Lebenselixier dieser Musik; ohne den „richtigen" Groove ist es nicht „ihre" Musik.

Im aktiven, tätigen Musikunterricht haben Sie als Lehrer die Chance, durch Bodypercussion Kinder und Jugendliche an die Vielfalt von Rhythmus heranzuführen, ihr Wissen über Rhythmus und Rhythmen zu vertiefen und ihre trommlerisch-rhythmischen Fähigkeiten zu steigern – auch wenn Sie im Musikraum (noch) keine Klassensätze unterschiedlicher Trommeln haben!

Rhythmus und Bodypercussion im Musikunterricht

In den letzten Jahren sind Rhythmus und rhythmuspädagogische Themen mehr und mehr in den Fokus des Musikunterrichts gerückt, die Bücherregale der Musiklehrer füllen sich mit entsprechenden Materialien. Die Fachzeitschriften für Schulmusiker und Musikpädagogen sind voll von Beiträgen zum Trommeln, zu Bodypercussion, Rap und Materialperkussion, auch in die Lehrpläne und Richtlinien für den Musikunterricht hat die Bodypercussion Eingang gefunden. Ohne Zweifel: Rhythmus ist in der Schule angekommen. Es gibt Konzepte für Perkussions- sowie Trommelklassen und viele Schulen haben Cajons, Congas, Djemben und Samba-Instrumente angeschafft. Jahrelang haben sich Musiklehrer fortgebildet oder trommeln selbst seit ihrer Jugend mit Begeisterung. Inzwischen wird auch an Hochschulen im Studium für Musiklehrer Perkussionsunterricht angeboten.

Rhythmusunterricht macht Spaß!

Rhythmus – mit Trommeln, Bodypercussion, Rap und Tanz – ist der musikalische Aspekt, der viele Kinder anzieht und sie früh zum aktiven Musizieren motivieren kann. Rhythmus macht fast allen Kindern Spaß, denn:

- Rhythmusunterricht kann sehr **einfach beginnen** und schnell zu **Erfolgserlebnissen** führen.
- Rhythmusunterricht befriedigt das kindliche **Bewegungs- und Gruppenbedürfnis.**
- Rhythmusunterricht spricht viele **Erlebnis- und Lernebenen** an und fördert sie.
- Rhythmusunterricht kann viele **Aktionsformen und Themen** integrieren: Trommeln, Rap, Singen, Tanzen, Bodypercussion, Materialperkussion, Rhythmusspiele.

Rhythmusarbeit in vielen Formen ermöglicht es Kindern, die sonst eher Distanz zur Musik und besonders zum selbständigen Musizieren halten, den Einstieg in die Musik zu wagen. Rhythmus verschafft oft auch denjenigen **Erfolgserlebnisse,** die mit dem von Stillsitzen und Kopfarbeit geprägten Schulalltag ihre Probleme haben und die eher durch körperliche Aktivität, durch praktisches Tun lernen.

Rhythmus in den Bildungsplänen

Laut zahlreicher Bildungs- und Rahmenpläne gehören zur musikalischen Grundausbildung der Orientierungsstufe und Sekundarstufe I im Bereich Rhythmus folgende Inhalte, aufsteigend mit dem Alter:

- häufiges **Klassenmusizieren**
- **Spielen von Rhythmen auf Perkussionsinstrumenten,** auch mit Bodypercussion
- **Entdecken des Körpers als Klang- und Rhythmusinstrument**
- **Liedbegleitung** durch Perkussion und Bodypercussion
- Kenntnisse von **Grundschlag (Puls oder Beat), Takt und Rhythmus**
- **Improvisation** und **Komposition**
- elementare Rhythmen der Rockmusik; später Erarbeitung anderer **stiltypischer Rhythmuspatterns**
- **experimenteller Umgang mit der Stimme:** Sprechcollage, rhythmisches Sprechen, Sprechkanon, Rap
- **Erwerb grundlegender Kenntnisse und Fertigkeiten im Umgang mit Rhythmus in der Notenschrift:** Ganze, Halbe, Viertel, Achtel. Punktierte Noten und Pausenwerte; 2/4-Takt, 3/4-Takt, 4/4-Takt etc.; ab Klasse 7/8 auch Sechzehntel, Triolen, Unterscheidung binär – ternär, Beat – Offbeat, Taktwechsel, Polyrhythmik etc.
- Entwicklung einfacher, später komplexer **Rhythmusmodelle**
- **Notation** einfacher, später komplexer Rhythmen
- Wiedergabe von **Arrangements** in Kleingruppen oder im Klassenverband

Rhythmusunterricht lohnt sich!

Die sozialen und allgemeinen Handlungskompetenzen, die mit diesen Inhalten im Musikunterricht über die fachlichen Kompetenzen hinaus erworben werden, lesen sich wie die Ideale schulischer Bildung überhaupt: **Gemeinschaftsgefühl, Integrationsfähigkeit, Rücksichtnahme, Teamfähigkeit,** Verantwortung, Ausbildung interkultureller Kompetenz. Auf der Individualebene begünstige der Musikunterricht die Entwicklung von **Selbstwertgefühl,** die **Ausdauer** und **Konzentrationsfähigkeit,** die Entwicklung von **Körpergefühl** und Koordinationsfähigkeit, von Empfindungs- und **Erlebnisfähigkeit,** nicht zuletzt eine Steigerung der **Kreativität.**

Also: Wir brauchen jeden Tag aktivierenden Musikunterricht – weil er dem Einzelnen, der Klasse, der Schule und dadurch allen Fächern gut tut!

Die Schulwirklichkeit sieht jedoch leider oft anders aus: Froh kann sein, wer eine Stunde Musik in der Woche hat; häufig fällt der Musikunterricht aus, da Musiklehrer fehlen. Musikräume in entsprechender Größe und mit guter Ausstattung gibt es an vielen Schulen nicht und der Etat für Instrumentenanschaffung und -wartung ist meist viel zu gering. Richtig: Es gibt lobenswerte Ausnahmen. Aber besonders nach den PISA-Ergebnissen sehen viele Bildungspolitiker die Rettung in der einseitig „kopflastigen" Vermittlung von Sprachen und Mathematik, von Fakten-, Formel- und Zahlenwissen.

Was die Wertigkeit von Rhythmus betrifft: Es ist bezeichnend, dass in den Bildungs- und Rahmenplänen der Grundschule – und entsprechend meist auch in der Unterrichtspraxis – Rhythmusarbeit mit Bodypercussion und Trommeln eine wichtigere Rolle spielt als in höheren Klassenstufen. Rhythmusarbeit mit kleinen Kindern gilt als sinn- und pädagogisch wertvoll; je älter die Schüler werden, desto unwichtiger wird das aktive schulische Musizieren. Zeit zum „Spielen" ist nicht mehr vorgesehen, besonders nicht in der verkürzten achtjährigen Gymnasialzeit.

Rhythmusunterricht mit „BodyGroove Kids 2"

Neue Impulse für den Rhythmusunterricht im mittleren Altersbereich von ca. 9 bis 13 Jahren zu geben, ist ein Ziel dieses Buches. Deswegen finden Sie in diesem zweiten Band der Reihe „BodyGroove":

- **Mehrstimmigkeit** in Rhythmicals und Kanons;
- **rhythmische Komplexität** mit Achtel-Offbeats und Sechzehnteln, mit Dreier-Zyklen in 6/8- und 3/4-Takten, aber auch als Akzentverschiebungen;
- eine vielfältige **Verzahnung von Hand-, Fuß- und Sprechrhythmen.**

Aber keine Angst: Alle Schwierigkeiten sind versteckt in kurzen Spielstücken mit einprägsamen Texten – die übrigens bei einigen Stücken in englischer Sprache geschrieben sind, weil das für Kinder viel moderner und einfach „hip" klingt.

Auch wenn es im Unterricht schwierige Phasen gibt: Bleiben Sie hartnäckig! Behalten Sie Ihren Humor und Ihre Geduld! Glauben Sie an Ihre rhythmuspädagogische Mission! **Eine kluge, sukzessiv aufgebaute Rhythmuspädagogik kann und wird in vielfacher Beziehung positive Wirkung entfalten.**

Kompetenzerwerb durch Rhythmus und Bodypercussion

Rhythmus und besonders die Bodypercussion verbessern das Gruppenklima. Rhythmus ist ein Gruppenerlebnis. Hören, Schauen, gegenseitiges Beachten, Verantwortung, Rücksicht sind Voraussetzung für einen guten Groove. Bodypercussion ist spielerisches, aber vom gemeinsamen Beat getragenes Bewegen und Berühren. In der Bewegung, Interaktion und Improvisation lernen sich die Gruppenmitglieder kennen.

Rhythmus und besonders die Bodypercussion stärken die Kreativität und das Selbstbewusstsein. Trommeltöne, Klatscher und Patscher gelingen jedem. Dadurch haben auch schon 3- bis 4-jährige Kinder den Mut, loszutrommeln und Patsch-Rhythmen zu erfinden. Mithilfe sprachlicher Unterstützung ist frühzeitig auch das Spielen einfacher Rhythmuspatterns möglich. Schon das macht jeden Einzelnen und die ganze Gruppe stolz. Manchmal, bereits in der Grundschule und umso mehr in der Sekundarstufe I, können Solisten auf Tutti-Rhythmen kurze Improvisationen spielen und eigene Fill-Ins erfinden. In Vorspiel-Nachspiel-Runden und anderen Improvisationsspielen können alle einbezogen werden und ihre Rhythmusideen vorstellen.

Rhythmus und besonders die Bodypercussion sind spielerisches Gehirntraining. Rechte und linke Hand, Hand- und Fußarbeit, verschiedene Körperklänge und Tempi zu ordnen, dabei Rhythmustexte zu sprechen: Das Gehirn muss ungewohnte Abläufe bewältigen und erinnern und sich mit den Mitspielern koordinieren. Kognitive Fähigkeiten, sprachliches Gedächtnis und Bewegungsgedächtnis, Synchronisationsfähigkeit sowie emotionales Verarbeiten werden gefördert.

Rhythmus und besonders die Bodypercussion sind gesund für den Körper. Jegliches Musizieren ist der akustische Ausdruck von Bewegung. Doch nirgends spielen wir so intensiv mit dem ganzen Körper wie bei der Bodypercussion. Bewegung ist gut für die Gesundheit, für das geistige Wachstum und das emotionale Wohlbefinden.

Rhythmus und Bodypercussion können sprachliche und räumlich-mathematische Fähigkeiten verbessern. Rhythmuspädagogische Methoden arbeiten häufig mit der Kombination von Sprache und Bewegung. Rhythmisches, akzentuiertes Sprechen führt zu deutlicherer Artikulation und hilft oftmals bei Sprechschwierigkeiten. Gleichzeitig geschieht Rhythmus in einem systematisch geordneten Zeit- und Zahlenraster. Durch die Beschäftigung mit Rhythmus wachsen das Verständnis und der Überblick für die Welt der Zahlen. Bodypercussion ordnet Geist und Körper.

Rhythmus und besonders die Bodypercussion sensibilisieren für musikalische und allgemein ästhetische Dimensionen: für die Wirkung von Formen und Abläufen, von Wiederholung und Überraschung, von Dynamik und Tempo; für das Entstehen und die Kriterien von Harmonie und Stimmigkeit; für den Wert disziplinierter Einordnung und individuellen Ausdrucks.

Zur Arbeit mit „BodyGroove Kids 2“

Schüler von 9 bis 13 Jahren sind nicht so einfach zufriedenzustellen. Sie haben einen eigenen Musikgeschmack, der oft von dem der Lehrer und Eltern abweicht. Die Spielstücke dieses Buches sind sprachlich und inhaltlich der genannten Altersgruppe angemessen, ohne anbiedernd sein zu wollen. Es ist eine Herausforderung: Die Stücke müssen **einfach genug** sein, um nicht abzuschrecken, jedoch **gleichzeitig schwierig und humorvoll genug,** um nicht zu langweilen. Aber jede Gruppe, jede Klasse ist verschieden. Seien Sie darauf gefasst, dass manche Texte prima passen, andere weniger gut ankommen. Dichten Sie neue oder – noch besser! – fordern Sie Ihre Schüler auf, eigene Rhythmustexte zu formulieren.

Wie immer müssen Sie als Lehrer die Stücke zuerst persönlich kennenlernen, um überprüfen zu können, ob sie vom Schwierigkeitsgrad und von den Texten her geeignet sind. Nichts geht über einen Lehrer, dem die Schüler die eigene Begeisterung und Souveränität ansehen. Es ist wünschenswert, dass Sie die **Bodypercussion-Rhythmen kompetent vormachen** können – so, wie Sie als Englischlehrer ja auch flüssig Englisch sprechen können. Wesentliche Groove-Patterns sollten Sie möglichst so gut beherrschen, dass Sie beim Vormachen und Mitspielen die Gruppe im Blick haben und sogar mit ihr reden können. Die Videos auf der DVD werden Ihnen und Ihren Schülern die Erarbeitung sehr erleichtern.

Es ist ein unschätzbarer Vorteil für das Entwickeln des Rhythmusgefühls von Kindern und Jugendlichen, wenn Sie als Lehrer bei all dem, was Sie vormachen – ob Sprech- oder Bewegungsrhythmen –, den **Beat zeigen.** Das kann ein Tippen mit dem Fuß, ein rhythmisches Gehen, ein Nicken mit dem Kopf oder dem Oberkörper sein. Die Schüler müssen das nicht nachmachen; aber sie erhalten damit unterschwellig die Botschaft, dass es unter dem jeweiligen Rhythmuspattern, das sie spielen, noch etwas gibt, was immer gleich und immer ruhig bleibt: der Beat.

Die Spielstücke

Bis auf einige Offbeat-Übungen, Begleit-Grooves und Fills sind alle Übungen als kleine Spielstücke gestaltet. Alle Rhythmen sind mit Texten unterlegt. Sie erleichtern die Merkfähigkeit und erhöhen den Spaßfaktor. In etlichen Spielstücken gibt es aber bereits pure Bodypercussion-Teile ohne Merktexte. Bei vielen Stücken finden Sie zudem **Variationsmöglichkeiten,** die neue Anregungen, mehr Abwechslung und Vertiefung bringen.

Die Spielstücke und Übungen dieses Buches sind in den Kapiteln so gegliedert, dass Sie den Zweck bzw. die markanten Aktionen der Stücke auf einen Blick erkennen können. Innerhalb jedes Kapitels werden die Stücke zunehmend schwieriger. Arbeiten Sie mit Ihrer Gruppe das Buch aber nicht Seite für Seite durch – wenn Sie eher einfache Stücke suchen, picken Sie sich aus verschiedenen Kapiteln ein paar der vorderen Stücke heraus.

Im ersten Kapitel **„Die fünf Körperklänge“** werden die Klangfamilien, überwiegend als Vormach-Nachmach-Aktionen, in jeweils einem Stück vorgestellt: Klatschen, Patschen, Schnipsen, Händereiben und Stampfen. Die **„Warm-ups“** des zweiten Kapitels sind kurze Auflockerungsstücke. Das umfangreichere dritte Kapitel **„Rhythmustraining“** thematisiert das Üben wesentlicher rhythmischer Fähigkeiten und Fertigkeiten, z.B. Beat-Sicherheit und Offbeats, Hand-zu-Hand-Trommeln, verschiedene Taktarten. Die **„Kreisspiele“** des vierten Kapitels rücken die gemeinschaftsfördernde Funktion von Rhythmus und Bodypercussion stärker in den Vordergrund. Die DVD und hier besonders ihre Audiofiles sind wichtige Hilfsmittel für die **„Rhythmen und Fills“** des fünften Kapitels: Hier werden spezielle Bodypercussion-Rhythmen vorgestellt, die als Drumset-Grooves in Pop- und Rocksongs und unter Rap-Texten eingesetzt werden können. Mit den **„Kanons“** des sechsten Kapitels und den **„Rhythmicals“** aus Kapitel 7 steigen wir in das mehrstimmige polyrhythmische Spiel mit der Bodypercussion ein. Das letzte Kapitel schließlich bündelt die einzelnen Aspekte zu **„Aufführungsstücken“.**

Was hier ordentlich strukturiert und festgelegt klingt, können Sie selbst im Unterricht sehr flexibel handhaben. Mit zunehmender Rhythmus- und Bodypercussion-Erfahrung machen Sie aus Warm-ups, Kreisspielen oder Rhythmicals tolle Aufführungsstücke. Teile von Kanons oder Aufführungsstücken können als kurze Warm-ups dienen. Und Warm-ups oder Passagen aus Kreisspielen können umgekehrt zu Kanons verwandelt werden.

Die DVD

Bewegungsabläufe sehen in schriftlicher Form kompliziert und nichtssagend aus. Nicht jeder kann aus diesen kleinen schwarzen Symbolen gleich herauslesen, welche Bewegungsfolgen wann und wie genau ausgeführt werden sollen – und dass sie auch noch Spaß machen können! Deswegen gibt es die DVD: Auf ihr sind alle Stücke des Buches als **Videos** eingespielt. Sie sehen die Grundform jedes Spielstücks mit dem dazugehörigen Rhythmustext.

Zudem gibt es fünf **Playbacks** in verschiedenen Tempi, zu denen Sie die Stücke einüben können. Diese Soundtracks sind am DVD-Player bzw. mit einem entsprechenden Player am Computer über das DVD-Menü anwählbar und abspielbar. Sie finden die Files zudem am Computer im Dateiordner „Uebungsloops" als MP3s zum Download.

Übersicht der Körperklänge

Ba = auf den Bauch patschen
Br = auf den Brustkorb patschen
Hr = die Handflächen gegeneinander reiben
Hü = auf die Hüften patschen
K = klatschen
K̄ = die Finger einer Hand bilden eine Art Brunnen, auf dessen Öffnung die andere Hand schlägt (Brunnen-Klatscher)
Ⓚ = mit gewölbten Händen klatschen (Hohlhand-Klatscher)
***K** = Hände mit leicht gespreizten Fingern flach aufeinander klatschen (Stern-Klatscher)
↑↓K = auf- und abwärts klatschen
Kn = auf die Knie patschen
LF = auf die linke Ferse patschen
LKn = auf das linke Knie patschen
LOs = auf den linken Oberschenkel patschen
LS = auf die linke Schulter patschen
NKn→ = auf das Knie des rechten Nachbarn patschen
NKn← = auf das Knie des linken Nachbarn patschen
NS→ = auf die Schulter des rechten Nachbarn tippen
NS← = auf die Schulter des linken Nachbarn tippen
Oa = überkreuz auf die Oberarme patschen
Os = auf die Oberschenkel patschen
Os→ = auf die Außenseite des rechten Oberschenkels patschen
↑↓Os = die Oberschenkelaußenseite auf- und abwärts patschen
OsN→ = auf den Oberschenkel des rechten Nachbarn patschen
OsN← = auf den Oberschenkel des linken Nachbarn patschen
OsX = mit überkreuzten Händen auf die Oberschenkel patschen
PK = mit einem Partner klatschen
Plopp = die flache Hand auf geöffneten Mund schlagen
Po = auf das Gesäß patschen
RF = auf die rechte Ferse patschen
RKn = auf das rechte Knie patschen
ROs = auf den rechten Oberschenkel patschen
RS = auf die rechte Schulter patschen
RüK = auf den Handrücken klatschen
Sf = auf die Sitzfläche des Stuhls trommeln
Sk = auf die Stuhlkante patschen
Sn = schnipsen
Sp = springen
St = stampfen
Wa = auf die Wangen patschen
↖↗ = Arme nach oben strecken
☞ = mit dem Finger zeigen
1F = einen Finger hochhalten
2F = zwei Finger hochhalten
3F = drei Finger hochhalten

1. Die fünf Körperklänge

Es stimmt: Unser Körper hat nicht den warmen Sound einer Conga, das Spektrum und die Kraft einer Djembe, den klanglichen Reichtum eines Drumsets. Deswegen ist es in jeder Gruppe sinnvoll, Arbeit in die rhythmische Präzision, in den Ausdruck der Bewegungen, in den Kontakt und die Kommunikation zu investieren. Aber darüber hinaus lohnt es sich immer, die Klänge zu verbessern und die klanglichen Möglichkeiten zu erweitern. Bodypercussion-Spiele, -Übungen und -Stücke leben nicht zuletzt von der Qualität der Körperklänge. Ein Klatscher ist nicht immer ein einfacher Klatscher, ein Patschen klingt nicht immer gleich.

Mit diesem Kapitel sind Sie – und folglich Ihre Schüler – zu einer Art Crash-Kurs eingeladen: Fünf kleine Stücke sollen Sie vertraut machen mit den fünf Klangfamilien dieses Buches: Klatschen, Patschen, Schnipsen, Händereiben und Stampfen. Doch jedes dieser Einführungsstücke kann auch für sich stehen und Sie können es bei passender Gelegenheit in Ihren Unterricht einflechten.

In diesen ersten Stücken sollen die Schüler für unterschiedliche klangliche Möglichkeiten sensibilisiert werden; es soll spielerisch geübt und die klangliche und rhythmische Fantasie angeregt werden. Deswegen geht es auch inhaltlich meist um die Klänge selbst. Zu Beginn eines Stücks steht ein Refrain, in dem der jeweilige Körperklang thematisiert wird; in Vormach-Nachmach-Phasen werden klangliche Varianten erkundet; ab und zu taucht auf Zeichen der Refrain wieder auf.

Falls Sie mehr Material zu einzelnen Klängen suchen, finden Sie es in einfachen Stücken und Spielen in Band 1 der „BodyGroove“-Reihe (ISBN 978-3-86227-101-6). Das Klatschen, Patschen und Stampfen wird dort ausführlich behandelt; zum Schnipsen gibt es zwei Stücke, das Händereiben kommt noch nicht vor.

Klatschen

Klatschen ist einfach, Klatschen ist laut. So denkt man – und so war es überwiegend in den Spielen und Stücken von „BodyGroove Kids 1". Denn wenn es mit 8-jährigen Kindern um gemeinsamen Spaß mit Rhythmus und um das Begreifen rhythmischer Strukturen geht, ist es sinnvoll, rhythmisch und klanglich klar und einfach zu klatschen. Mit den älteren Schülern der „BodyGroove Kids 2"-Zielgruppe wird hingegen differenzierteres Spielen möglich sein.

Auf den Fotos sehen Sie die wichtigsten Klatsch-Varianten, die in den Stücken dieses Buches vorkommen. Wenn Sie und Ihre Schüler auf den Geschmack gekommen sind, werden sie aber noch viel mehr entdecken. **So kann das Klatschen von einer anfangs eher grobmotorischen Bewegung zu immer raffinierteren unterschiedlichen Klatsch-Bewegungen und -Klängen führen,** die zunehmend auch feinmotorische Geschicklichkeit erfordern.

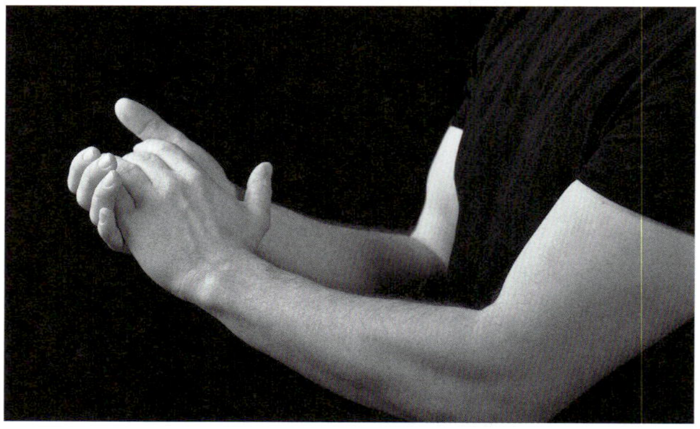

normaler Klatscher (K)

Rückhand-Klatscher (RüK)

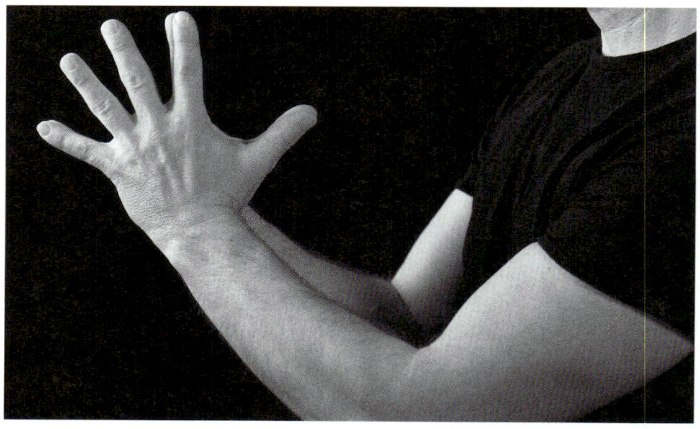

Stern-Klatscher, d.h. die Hände mit leicht gespreizten Fingern flach aufeinander klatschen (*K)

Hohlhand-Klatscher, d.h. mit gewölbten Händen klatschen (Ⓚ)

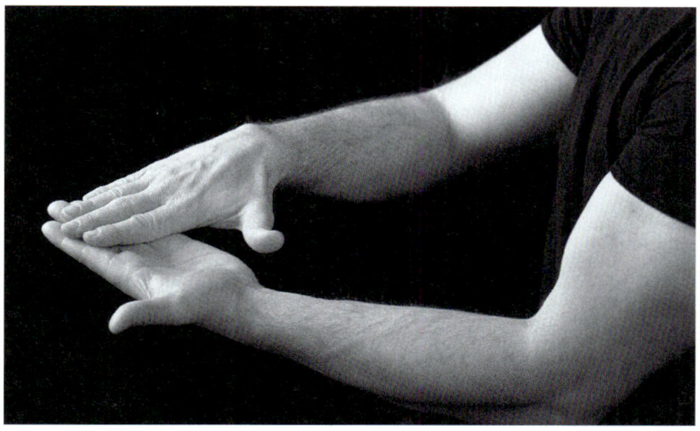

Finger-Klatscher

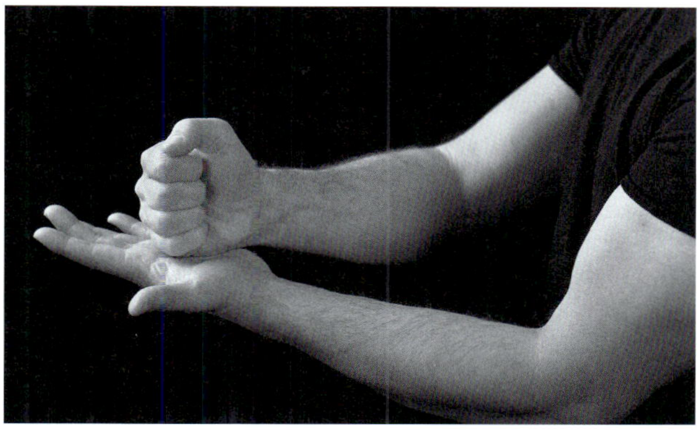

Faust-Klatscher (FK)

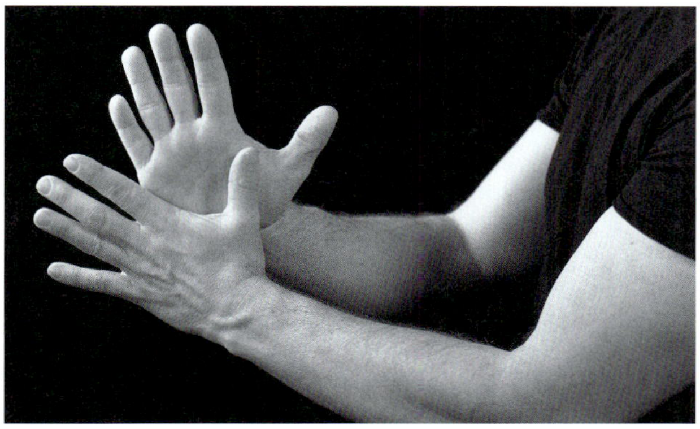

Aufwärts-Klatscher (↑K)

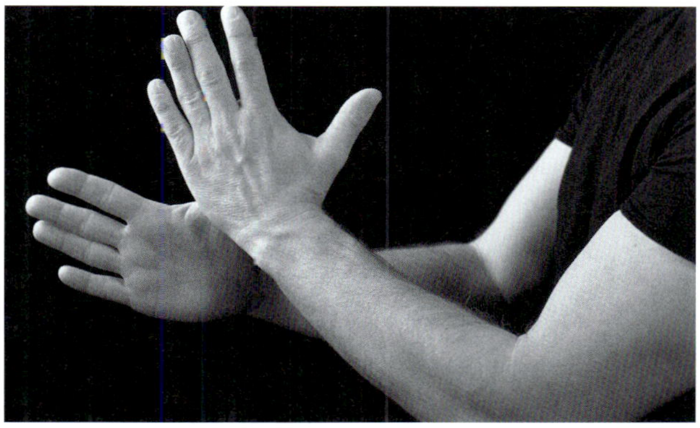

Abwärts-Klatscher (↓K)

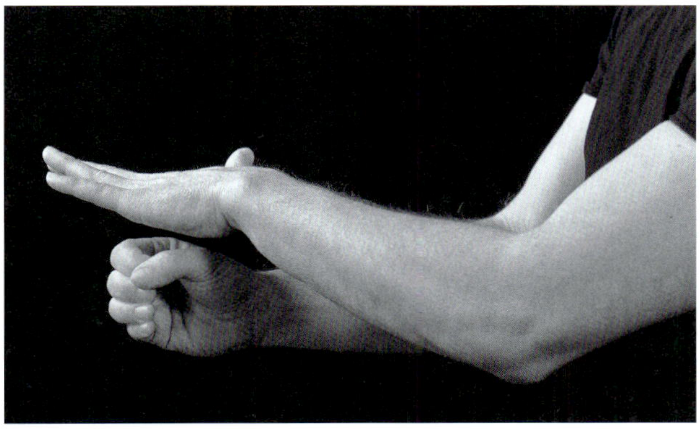

Brunnen-Klatscher ($\overline{K}$)

Partnerklatscher (PK)

Klatschen – das kann jeder – Vor- und Nachmachspiel

01

Text und Musik: Ulrich Moritz

Refrain

Vormach-Nachmach-Teil (Beispiele)

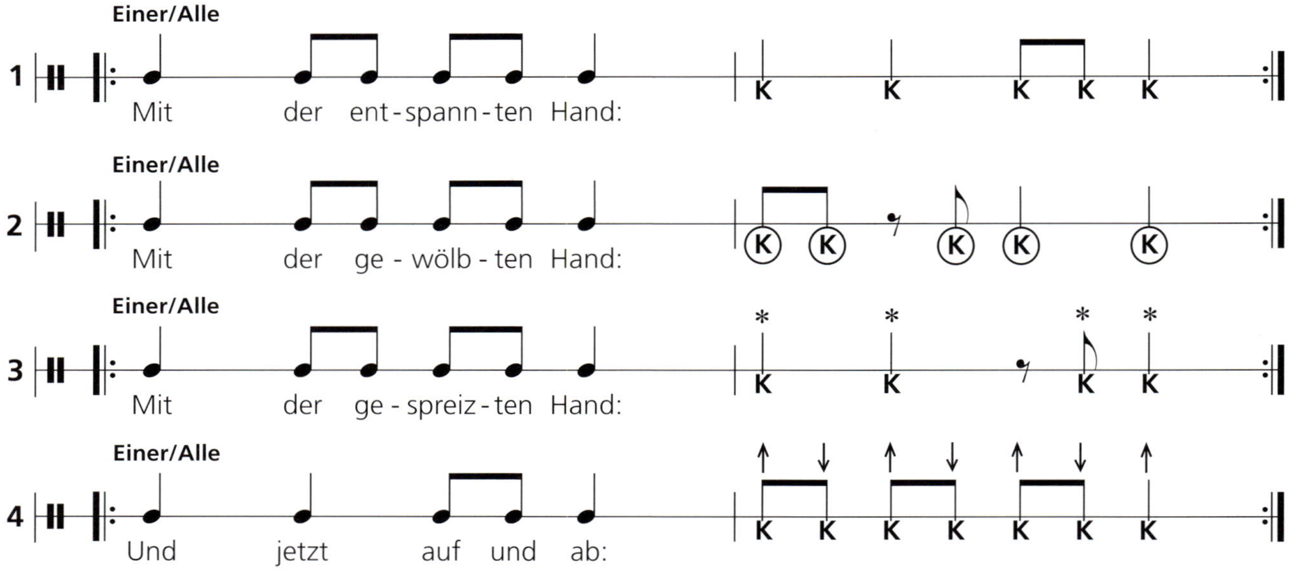

Schluss

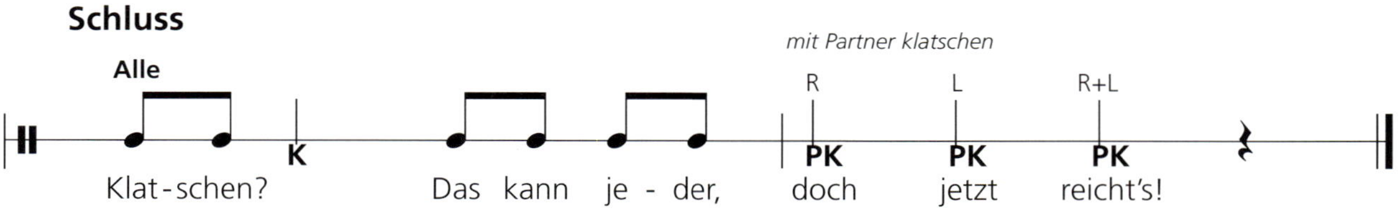

K = klatschen
Ⓚ = mit gewölbten Händen klatschen (Hohlhand-Klatscher)
*K = Hände mit leicht gespreizten Fingern flach aufeinander klatschen (Stern-Klatscher)
↑↓K = auf- und abwärts klatschen
PK = mit einem Partner klatschen

In diesem Imitationspiel setzen wir als Körperklang nur das Klatschen ein. Aber Reduktion macht erfinderisch: Klatschen kann erstaunlich unterschiedlich klingen. Schon im Refrain können wir die Klatscher differenzieren: laut, leise, allein oder mit einem Nachbarn.

Im Vormach-Nachmach-Teil darf der Vormacher Rhythmen erfinden und alle Klatsch-Klänge zeigen, die ihm einfallen: über die im Notat ausgewählten Beispiele hinaus auch Klatscher mit zwei Fingern, mit dem Handrücken, mit einer Nachbarhand oder beiden Nachbarhänden, lautlos in der Luft etc. Er spricht und klatscht die Rhythmen vor, die Gruppe wiederholt die Ansage und den Klatsch-Rhythmus mit den vorgegebenen Sounds. Refrain und Schluss müssen vorher geübt werden.

Jeder, der möchte, darf einmal Vormacher sein. Der Vormacher muss immer – wie in den Beispielen im Notat – seine Klatsch-Sounds vorher ankündigen. Zeigen Sie als Spielleiter an, wann in den Refrain gewechselt wird und wann der Schluss gespielt wird.

-> Klatscher siehe Fotos S. 12/13.

Patschen

Patschen ist das Betrommeln des Körpers. Patsch-Spiele und -Stücke sind deswegen immer auch Trommelübungen: Wir müssen das Schlagtempo konstant halten, auch wenn wir auf verschiedene Körperteile patschen; wir müssen uns die Handsätze klarmachen und sie üben; wir entdecken, dass wir unterschiedliche Handhaltungen einnehmen, wenn wir einen guten Sound auf dem Bauch, den Oberschenkeln, dem Brustkorb erzielen wollen – fast wie ein Conga-Spieler.

Die Hände sind beim Patschen generell flach, weder überdehnt oder überspannt noch schlaff. Der Brustkorb klingt am vollsten und tiefsten, wenn der gesamte Handteller darauf landet und nicht nur die Fingerspitzen. Auf dem Bauch und den Oberschenkeln sind viele dynamische und klangliche Abstufungen möglich. Wir können mit flachen Händen, mit der Fingerfläche, den Fingerspitzen oder mit gewölbter Hand spielen. Knie, Unterschenkel, Unter- und Oberarme sind klanglich nicht so ergiebig, aber für Bewegungswitz und gestischen Ausdruck, für die Überraschung und die Show manchmal unentbehrlich.

In vielen Stücken finden Sie für die Patsch-Rhythmen Handsätze (R, L) in das Notat eingetragen. Diese gelten für Rechtshänder; Linkshänder tauschen sie um, wenn nicht wichtige Argumente dagegen sprechen, z.B. eine Bühnenshow oder eine Nachbar- bzw. Partneraktion. Je länger sich Kinder mit Patsch-Rhythmen beschäftigen und je älter sie werden, desto leichter fallen ihnen die angegebenen Handsätze. Nehmen Sie sich selbst zuvor genügend Zeit, um die Handsätze in Ruhe zu üben und zu verinnerlichen. Es entspannt ungemein, wenn wir als Spielleiter unsere ungeteilte Aufmerksamkeit auf die Gruppe und den Unterrichtsverlauf richten können und nicht nur mit den eigenen Händen beschäftigt sind. Die angegebenen Handsätze können dabei hilfreich sein.

auf den Brustkorb patschen (Br)

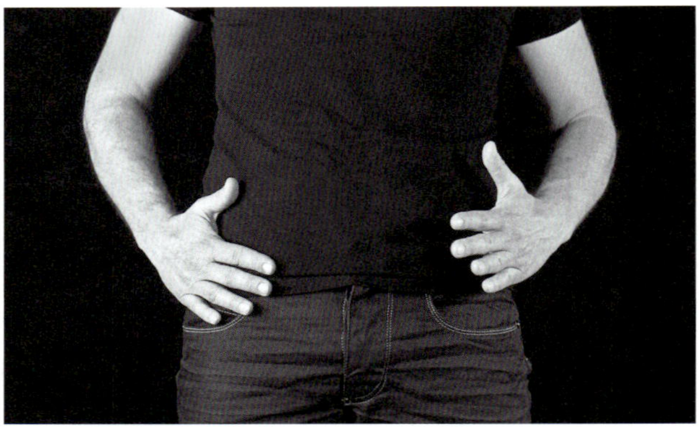

auf den Bauch patschen (Ba)

überkreuz auf die Oberarme patschen (Oa)

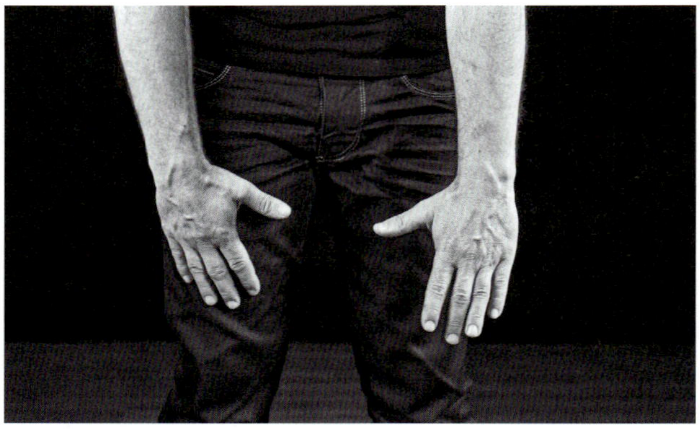

auf die Oberschenkel patschen (Os)

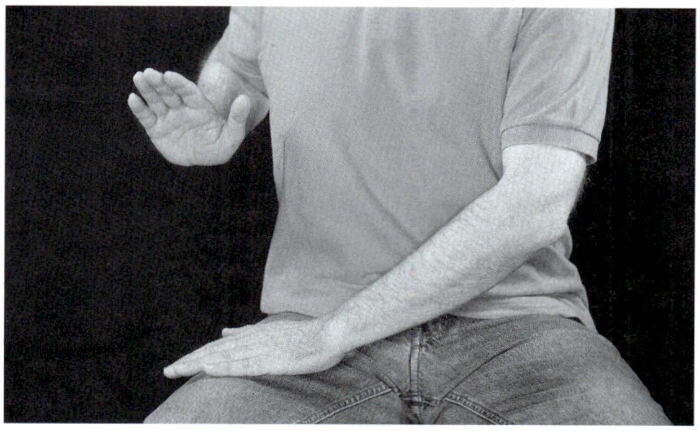

auf den rechten Oberschenkel patschen (ROs)

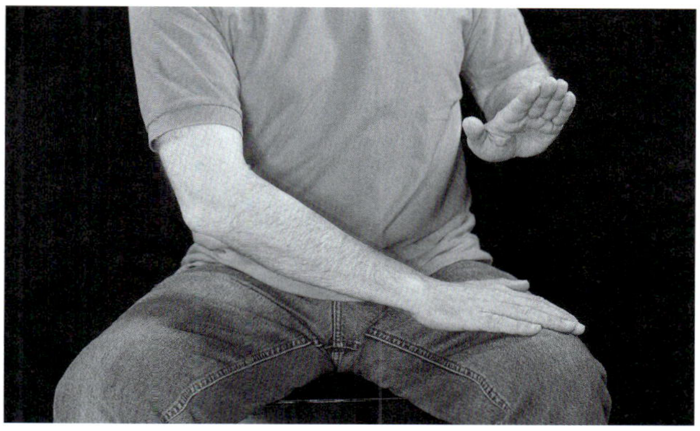

auf den linken Oberschenkel patschen (LOs)

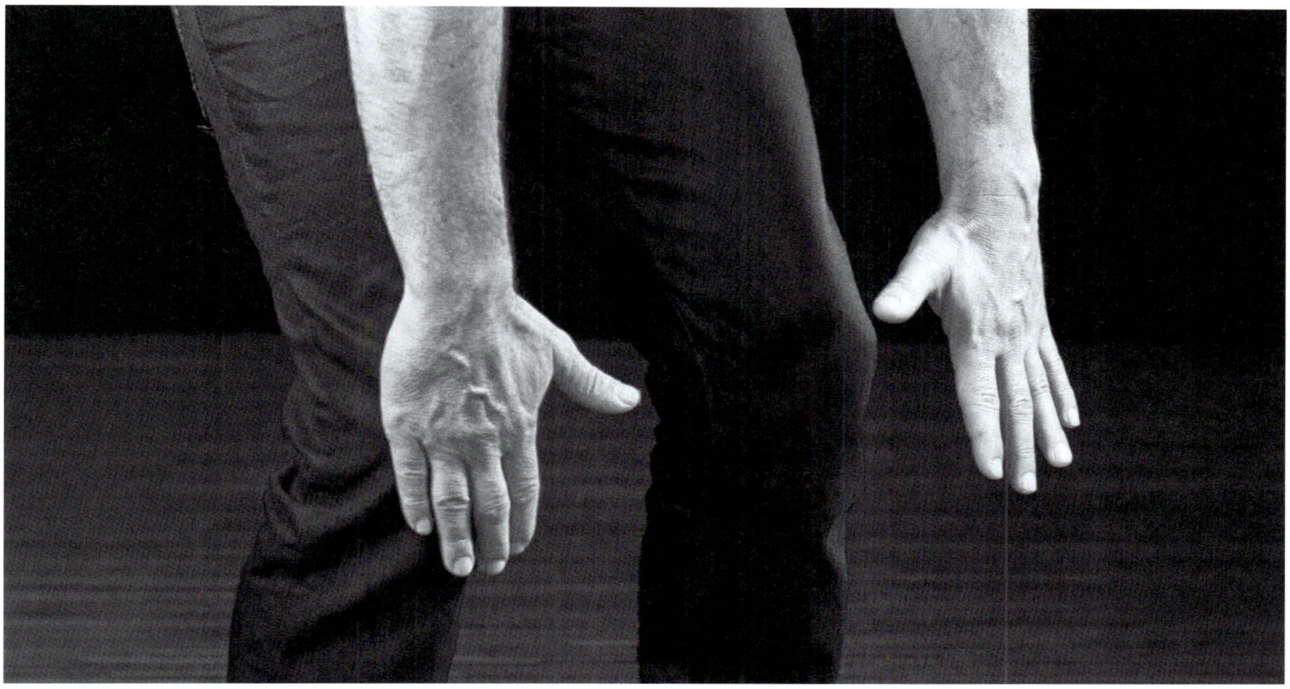

auf die Knie patschen (Kn)

auf die Wange patschen (Wa)

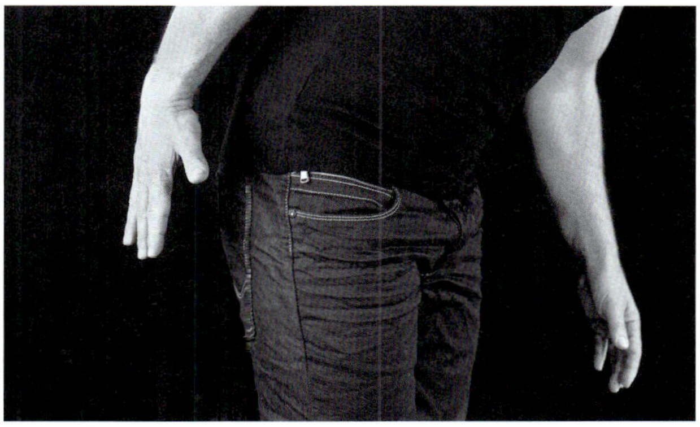

auf das Gesäß patschen (Po)

Beat Your Body – Vor- und Nachmachspiel

02

Text und Musik: Ulrich Moritz

Refrain

Alle

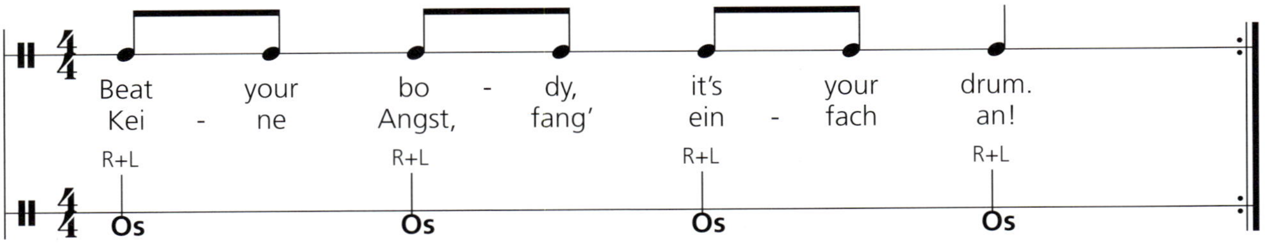

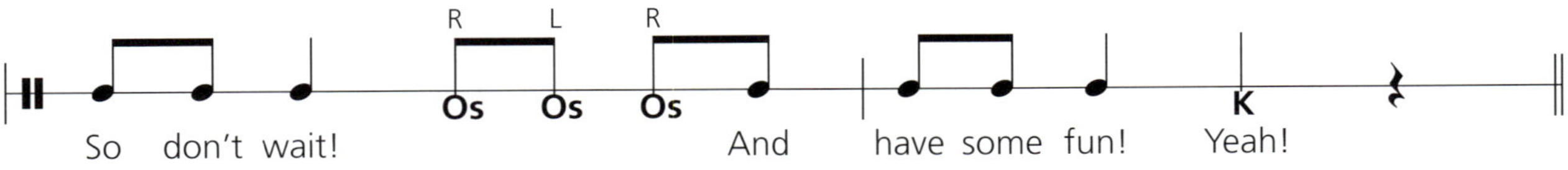

Vormach-Nachmach-Teil (Beispiele)

Einer/Alle

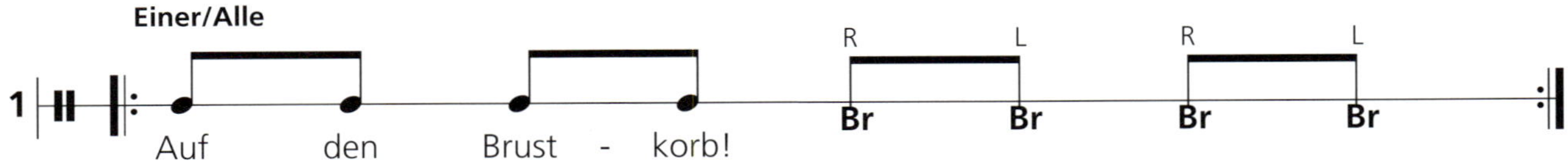

Einer/Alle

Einer/Alle

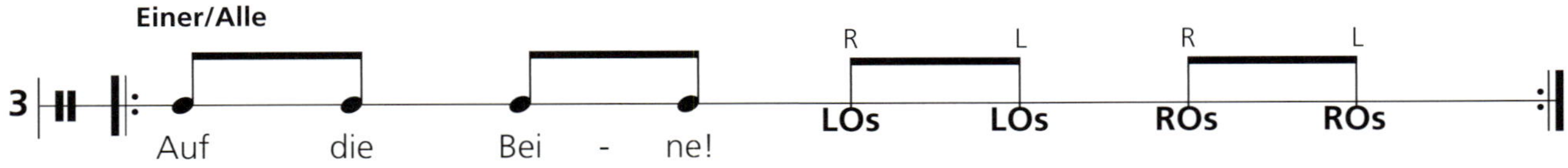

Schluss

Alle

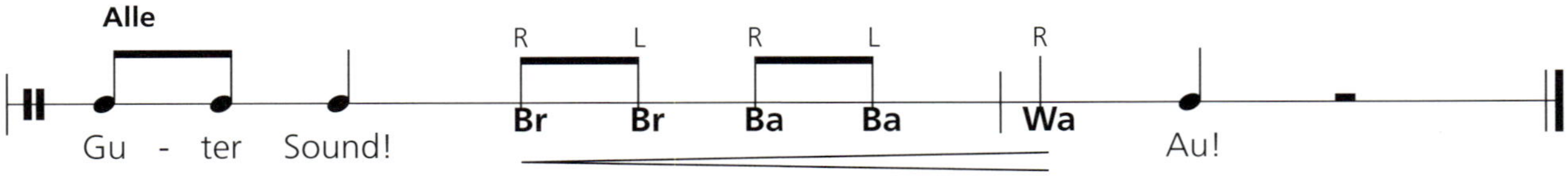

Os = auf die Oberschenkel patschen
LOs = auf den linken Oberschenkel patschen
ROs = auf den rechten Oberschenkel patschen
K = klatschen
Br = auf den Brustkorb patschen
Ba = auf den Bauch patschen
Hü = auf die Hüften patschen
Wa = auf die Wangen patschen

-> Patscher siehe Fotos S. 16/17.

„Beat Your Body" ist ein Patsch-Imitationspiel im Sitz- oder Stehkreis. Den Refrain und den Schluss spielen alle gemeinsam; beide Teile müssen eingeübt werden. Im Vormach-Nachmach-Teil gibt der Spielleiter die Klänge vor, die anderen machen Text und Patsch-Klänge nach. Der Refrain, welcher hin und wieder die Vormach-Nachmach-Phasen unterbricht, sowie der Schluss werden auf Ansage des Spielleiters gespielt.

Auch bei diesem Spiel kann nach einer Weile jeder, der es sich zutraut, Leiter sein und eigene Patsch-Klänge erfinden: auf die Knie, die Wangen, die Schulter, den Nachbarn, den Fußboden etc. – er macht vor, die Gruppe wiederholt.

Varianten (Vormach-Nachmach-Teil)

- **Der Vormacher sagt die Patsch-Orte an, und direkt im Anschluss, auf Zählzeit 3 und 4, spielen alle die entsprechenden Klänge.**
- **Der Vormacher kann statt der notierten Achtel eigene halbtaktige Patsch-Rhythmen erfinden.**

Schnipsen

Schnipsen (oder auch: schnippen) ist einzigartig unter den Körperklängen: Der Sound wird in der Hand selbst produziert. Dadurch können wir es mit einer großen Bewegungsdynamik verbinden, auch wenn die Aktion selbst klein und leise ist: An jeder beliebigen Stelle im Raum, mitten im Schwingen der Arme, kurz vor einem Klatscher oder Patscher kann geschnipst werden.

In fast jeder Gruppe, unabhängig vom Alter, gibt es Mitspieler, die nicht schnipsen können. Bei manchen ist dies ggf. anatomisch begründet, oft liegt es aber auch am Nichtwissen oder an falschen Vorstellungen über den Schnips-Vorgang. Auch Schnipsen kann geübt werden, so werden die Schnipser im Laufe der Zeit schneller, stärker und klangvoller!

Zur Schnips-Technik: Meist wird mit dem Mittelfinger geschnipst, der mit Druck auf dem Daumen aufliegt (siehe Foto). Unten auf der Handinnenfläche, dicht am Daumenansatz, liegen Ringfinger und keiner Finger. Sie warten auf den herunterschnellenden Mittelfinger, um seinen Schwung abzufangen und bilden einen kleinen Hohlraum, durch den der Ton des Auftreffens verstärkt wird.

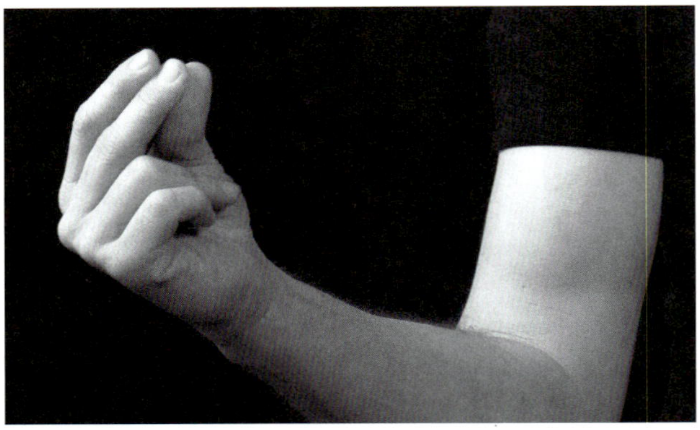

Schnipsen (Sn)

Schnips-Reise – Vor- und Nachmachspiel

03

Text und Musik: Ulrich Moritz

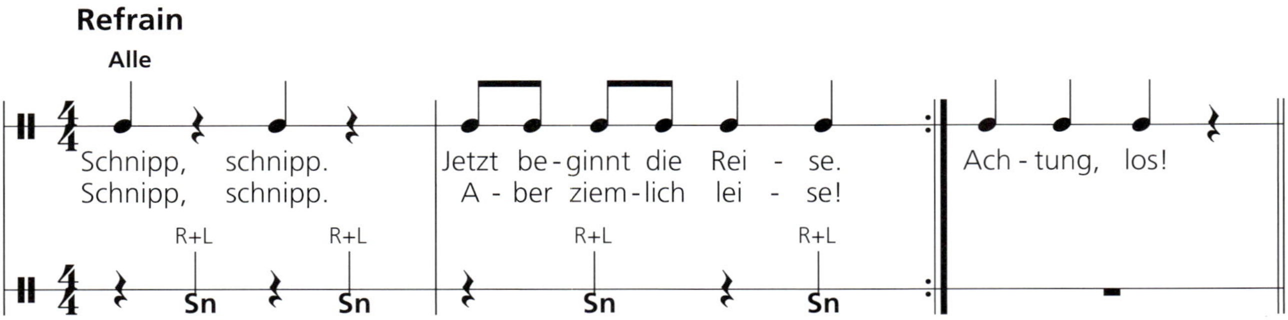

Vormach-Nachmach-Teil (Beispiele)

Der Vormacher spricht und schnipst an der angegebenen Stelle. Alle wiederholen.

Einer/Alle

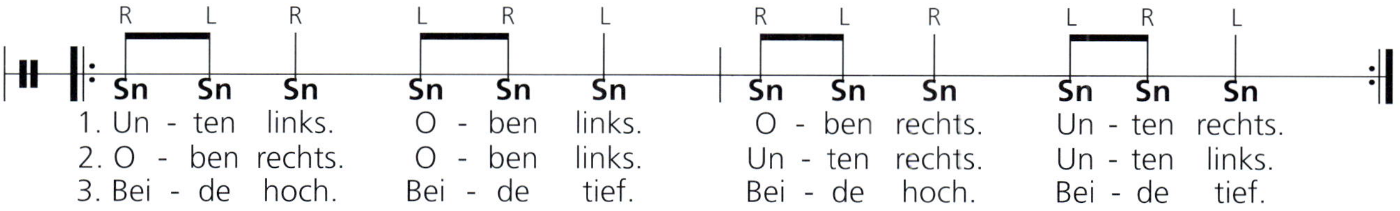

Schluss

Alle

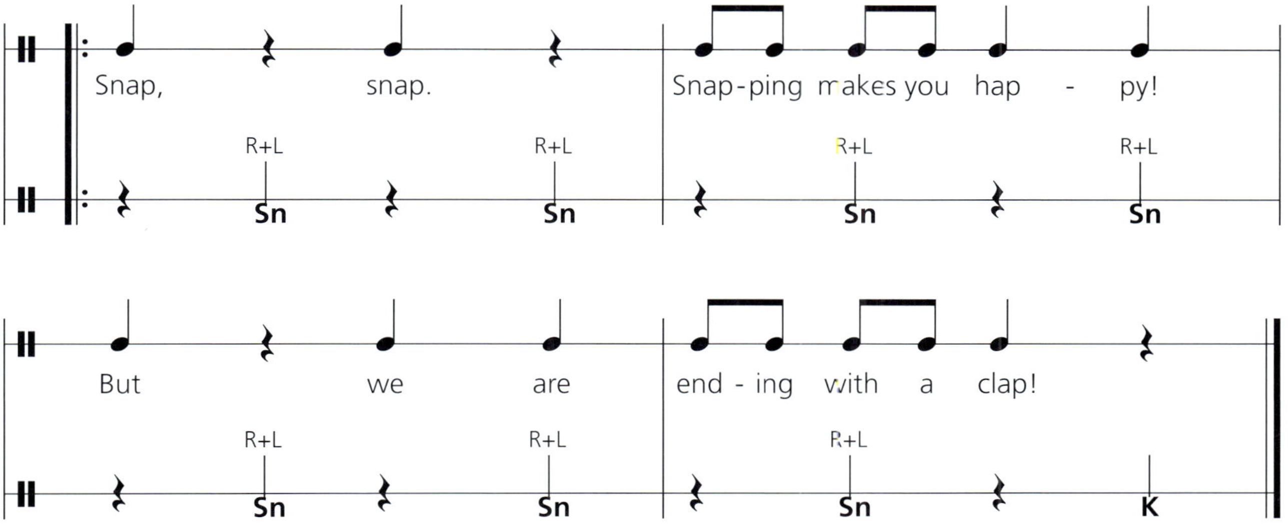

Sn = schnipsen
K = klatschen

Die „Schnips-Reise" macht Spaß im Sitz- oder Stehkreis; wenn wir frontal unterrichten, sollten wir seitenverkehrt vorspielen können.

Schnipsen kann man klanglich kaum differenzieren. Um das (Vor-)Spielen von Schnips-Stücken dennoch unterhaltsam und herausfordernd zu gestalten, machen wir bei der „Schnips-Reise" Experimente mit der räumlichen Position unserer Hände.

Im Vormach-Nachmach-Teil gibt der Spielleiter mit Wort und Handlung die Handpositionen vor, die anderen machen diese nach. Jeder hat hier die Möglichkeit, sich verschiedene Schnips-Positionen auszudenken und diese vorzumachen, z.B. „über'm Kopf", „hinter mir", „hinter dir", „unter'm Knie", „ganz weit vorn". Der Schnips-Rhythmus selbst kann dabei, wie in den Beispielen des Vormach-Nachmach-Teils, immer derselbe sein: Achtel – Achtel – Viertel. Mit einer fitten Gruppe können wir uns aber auch andere Rhythmen ausdenken.

Der Refrain wird von Ihnen als Spielleiter nach einigen Imitationsbeispielen angezeigt und entsprechend eingeschoben, auch der Schluss wird auf Zeichen gespielt.

Varianten (Vormach-Nachmach-Teil)

- **Ohne zu sprechen – nur mit Bodypercussion – vormachen und nachmachen.**
- **Der Vormacher spricht die Schnips-Orte vor, die Gruppe spielt sie ohne zu sprechen nach.**
- **Der Vormacher schnipst ohne zu sprechen vor – die Gruppe spricht die Positionen nach (ohne zu schnipsen).**

Händereiben

Das Händereiben ist der der einzige Körperklang, der eine längere Dauer haben kann, also beispielsweise über mehrere Beats oder Takte ausgehalten werden kann. Die Hände klingen ähnlich wie die Jazzbesen auf einer Snare. Wir können mit diesem Sound eine geheimnisvolle Atmosphäre schaffen oder wunderbar fließende Grooves mit sanften Akzenten spielen. Dabei aber Exaktheit und Lockerheit zu erreichen, ist gar nicht so einfach. Das Händereiben ist vertikal und horizontal sowie in alle anderen Richtungen möglich.

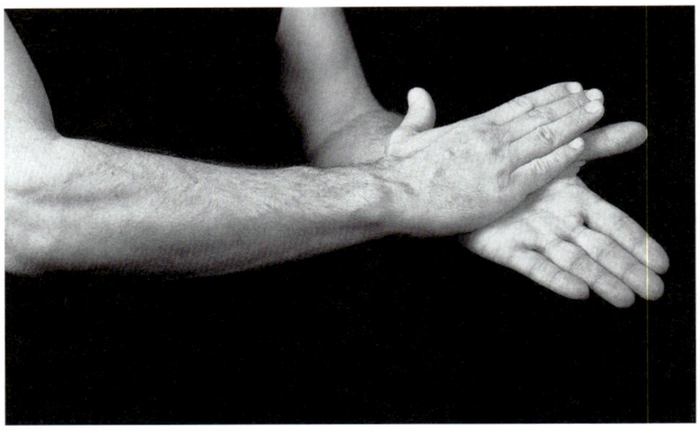

Händereiben (Hr) horizontal

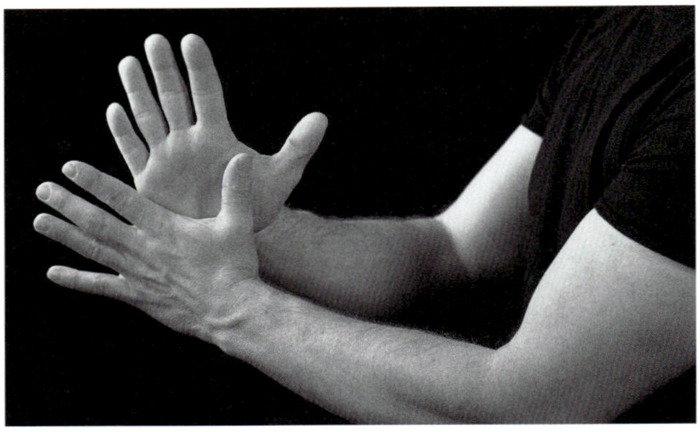

Händereiben (Hr) vertikal

Sonderbar – Spielstück

04

Text und Musik: Ulrich Moritz

Intro

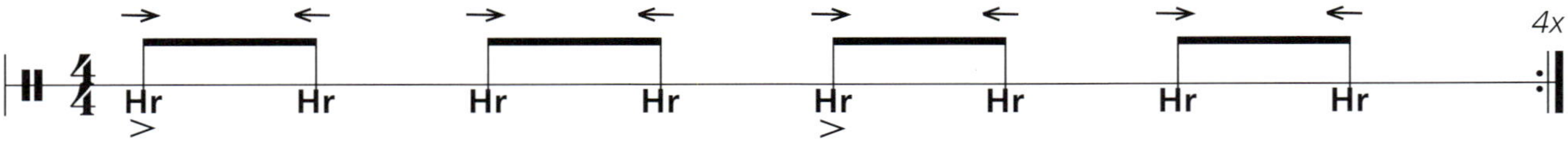

Strophe 1

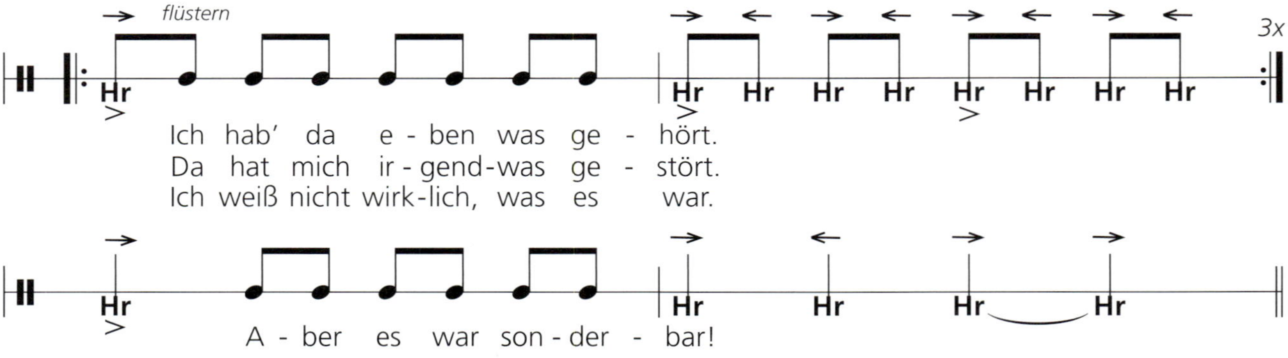

Refrain

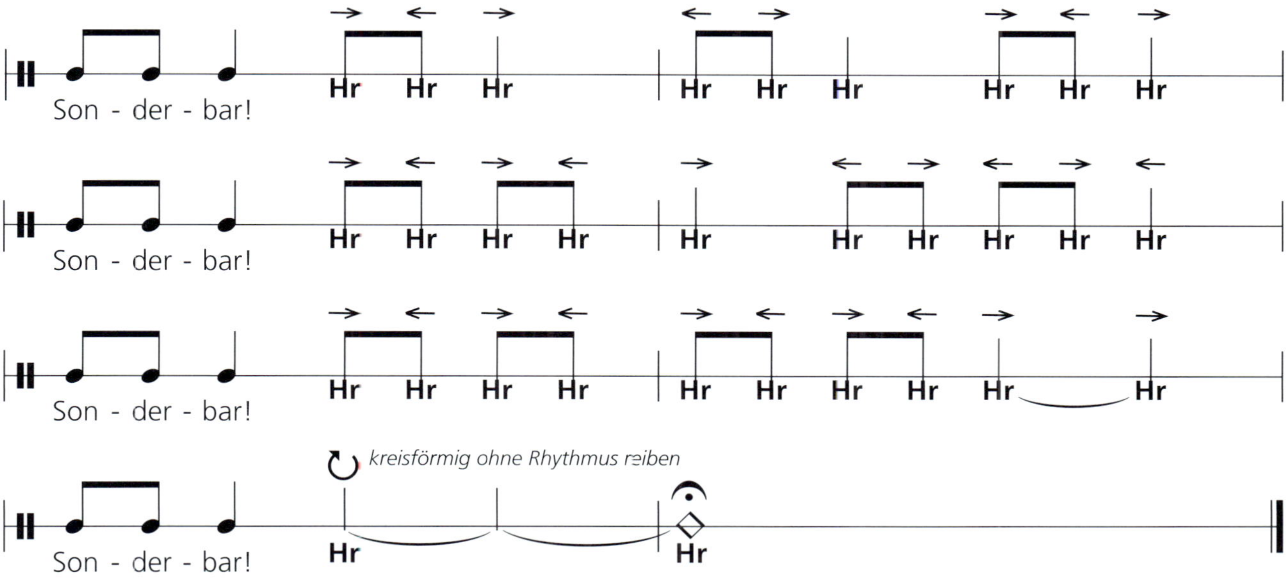

Hr = die Handflächen gegeneinander reiben

Strophe 2

Da raschelte was nebenan.
Und es kam immer näher ran.
Dann war es plötzlich nicht mehr da!
Aber es war sonderbar!

Wir sitzen im Stuhlkreis. Das Stück ist leise, etwas unheimlich, der Text wird geflüstert. Als Bodypercussion-Sound setzen wir nur das horizontale Aufeinander-Reiben der Handflächen ein. Perfekt wird die Stimmung in der Abenddämmerung mit einer Kerze in der Kreismitte.

Nach einem Durchlauf (Intro – Strophe 1 – Refrain) können wir den gleichen Ablauf erneut beginnen und die zweite Strophe sprechen. Auf dem Intro-Groove sind auch Soli mit leisen Bodypercussion-Sounds möglich, diese können als Zwischenspiele eingeschoben werden.

Stampfen

Stampfen ist das Trommeln der Füße auf dem Boden: Dabei klingt nicht nur der Körper, sondern auch der Boden. Ob wir Schuhe mit harten oder weichen Sohlen oder überhaupt keine Schuhe tragen, ob wir auf einer Wiese oder auf Holzboden stehen – der entstehende Sound klingt jedes Mal anders.

Das Stampfen nimmt in „BodyGroove Kids 2" eine wichtige Rolle ein. Die motorischen und koordinativen Fähigkeiten der Kinder wachsen im Alter von 9 bis 13 Jahren enorm. So wird zunehmend beides möglich sein: Wir können das Rechts-links-Stampfen der Beine als rhythmische Basis einsetzen (sogenannter Zweier-Schritt). Es gibt kaum eine bessere, zuverlässigere Bewegung, die den Beat unterstützt. Zudem können wir das Stampfen als eigene klanglich-motorische Komponente einsetzen, indem wir Wechsel zwischen Hand- und Fußaktionen üben. Beides kommt in folgendem Spielstück „Beat, Beat, Beat" vor.

Stampfen (St)

Beat, Beat, Beat – Spielstück

05

„Beat, Beat, Beat" ist ein Spielstück für den Stehkreis. Zu Beginn ist das Beat-Stampfen die rhythmische Grundlage und das Basis-Ostinato; der Viertelpuls hält die Gruppe zusammen. Schon mit der Stampf-Pause im vierten Takt, noch deutlicher mit dem Achtel-Stampfen am Schluss des Refrains bekommen die Beine eine neue Funktion als eigenständige Instrumente.

Im Improvisationsteil kann der Reihe nach jeder ein Bodypercussion-Solo spielen. Oft ist es sinnvoll, die Klänge für die Solo-Runde vorzugeben, dass z.B. nur Klatscher, Brustkorb-Patscher oder Händereiben benutzt werden dürfen. Oder die Devise heißt: „Nur die Füße!" oder „Stampfen und Klatschen!"

Varianten

- Der Refrain kann auch als Partnerspiel gestaltet werden. Die Schnipser werden dann als Partnerklatscher gespielt. Mit den Achtel-Schritten in Takt 6 findet jeder einen neuen Partner, mit dem wir den Schlussklatscher machen.
- Statt eines Solos gibt es ein improvisiertes Duett von zwei Mitspielern, die sich im Kreis gegenüber stehen. Während ihrer Improvisation müssen sie durch den Kreis gehen und so ihren Platz tauschen. Das Duett dauert je nach Kreisgröße zwei oder vier Takte, bei begeisterten Improvisatoren auch noch länger.

Beat, Beat, Beat – Spielstück

05

Text und Musik: Ulrich Moritz

Refrain

Impro-Teil

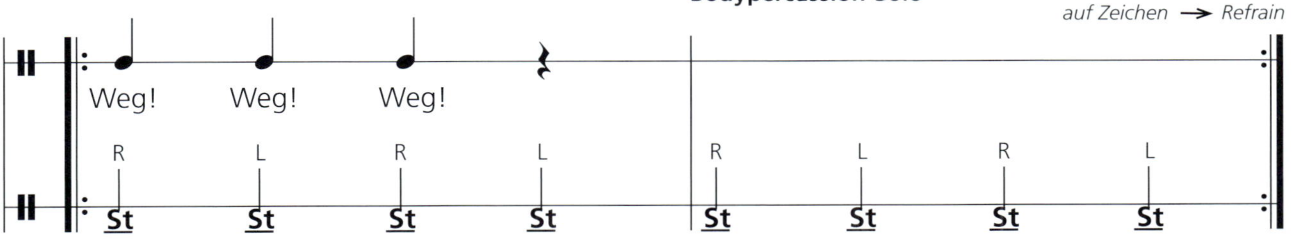

St = **stampfen**
Sn = **schnipsen**
Ba = **auf den Bauch patschen**
Os = **auf die Oberschenkel patschen**
K = **klatschen**

2. Warm-ups

Warm-ups – Aufwärmer – im Rhythmusunterricht können leichte Übungen, Stücke oder Spiele sein. Wichtig ist immer: Sie müssen einfach, schwungvoll, fröhlich und ziemlich kurz sein, zum Bewegen und Mitmachen einladen und möglichst jeden Mitspieler einschließen.

Was wir mit den Warm-ups aufwärmen, ist vielfältig: Setzen Sie diese einfach so ein, wie Sie es gerade brauchen, wie es Ihnen und der Gruppe gut tut. Oft sind Warm-ups unentbehrlich für uns selbst als Lehrer und Gruppenleiter: Sie helfen uns, in der Gruppe, im Raum, im Thema anzukommen. Wir spüren unsere eigene und die Stimmung der Gruppe, können uns durch die Bewegungen beruhigen oder ermuntern, beleben und lockern.

Auch die Gruppe wird durch Warm-ups körperlich und geistig aufgeweckt. Kinder wie Jugendliche brauchen Bewegung, wollen ihren Körper spüren, freuen sich über gelungene Bewegungsabläufe und gemeinsame Grooves. Daneben haben die Warm-ups die wichtige Funktion, die Atmosphäre einer Gruppe zu erwärmen, indem die Spieler in Kontakt miteinander kommen. Auch dabei helfen die Bewegungen, Sounds und Rhythmen.

Warm-ups können wir ebenso einsetzen, um ganz bestimmte Fähigkeiten zu trainieren: Rechts-links-Bewegungen, Akzente, Überkreuz-Bewegungen, Stampfen und Springen etc. Vielleicht haben wir spezielle Stücke im Auge, die wir mit der Gruppe einüben wollen, und wissen, dass wir dafür bestimmte Sounds und Bewegungsabläufe benötigen. In Warm-ups können wir variabel, spielerisch und geduldig an der Entwicklung solcher Fähigkeiten arbeiten.

Die Spielstücke

In diesem Kapitel finden Sie Beispiele für **improvisierte Vormach-Nachmach-Rhythmen** mit beliebigen Sounds („Let Me Hear You Drum“, S. 28), für **vorgegebene Schlagfolgen** („Up and Down“, S. 30, und „Fliegenjagd“, S. 32), für **Stampf-Rhythmen und Sprünge** („Cooler Auftritt“, S. 27, und „Happy Feet“, S. 34).

Die Tempi sind nicht festgelegt. Sie können die für Ihre Gruppe geeigneten Tempi wählen, aber auch alle Warm-up-Spielstücke zu den Übungstracks spielen (01–04).

Cooler Auftritt – Rhythmus-Kleinigkeit

06

Text und Musik: Richard Filz

Groove

Schritte vorwärts

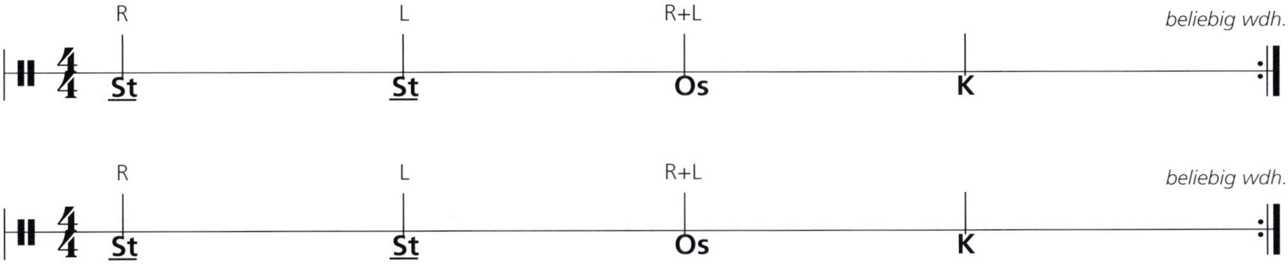

Break 1

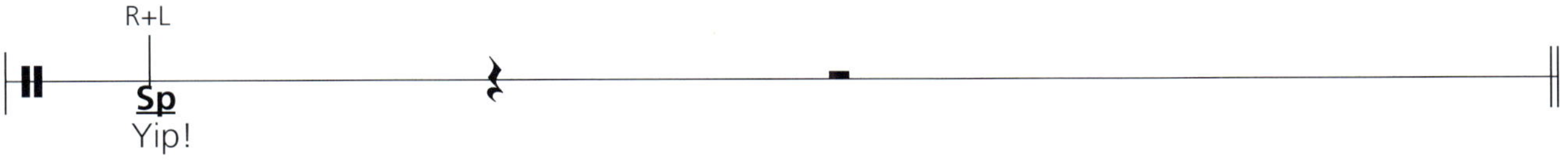

Break 2

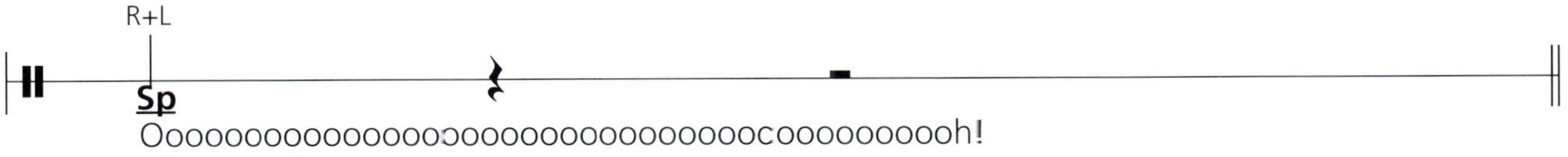

Schluss

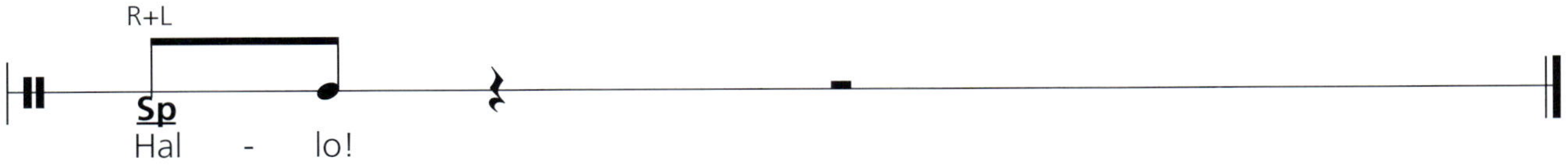

St = stampfen
Os = auf die Oberschenkel patschen
K = klatschen
Sp = springen

-> **Infos und Spielvarianten siehe S. 28.**

„Cooler Auftritt“ (S. 27) kann sowohl ein lustiges Warm-up sein, als auch zu einer kurzen Performance-Eröffnung werden. Als Warm-up laufen wir mit dem Groove-Pattern durcheinander, springen und rufen auf Zeichen die Breaks, blicken und schreien uns an. Vielleicht klatschen wir im Groove auf Zählzeit 4 einem Entgegenkommenden in die Hände oder wir schütteln nach dem „Hallo“-Sprung des Schluss-Teils jemandem die Hand.

Bei einem Schulkonzert kann die Gruppe in Zweier-, Dreier- oder Viererreihen mit dem Groove-Schritt durch den Saal oder aus der Garderobe auf die Bühne kommen. Dazu muss die Folge der Groove- und Break-Patterns festgelegt sein. Oder die Patterns müssen demonstrativ ausgerufen oder mit Schildern angezeigt werden, auf denen die entsprechenden Breaks bzw. Ausrufe stehen.

Im Schluss-Teil können wir auch regionale Begrüßungswörter rufen, z.B. „Griass di!“, „Moin, Moin!“, „Grüezi!“

Varianten

- **Wir setzen die Schritte im Groove auf Zeichen seitwärts (rechts oder links) oder rückwärts.**
- **Zwei oder drei Gruppen mit je einem Chef, der eigenständig Signale für Breaks gibt, laufen durcheinander. Alle Gruppen haben jedoch Tempo und Takt gemeinsam.**

Let Me Hear You Drum – Vor- und Nachmachspiel

07

Text und Musik: Richard Filz
©Helbling

Br = auf den Brustkorb patschen
Wa = auf die Wangen patschen
K = klatschen
Os = auf die Oberschenkel patschen
Ba = auf den Bauch patschen
LOs = auf den linken Oberschenkel patschen
ROs = auf den rechten Oberschenkel patschen

Die Intro ist eine kurze Aufforderung an alle im „house“, mitzumachen und zu trommeln. „House“ ist in Rap-Texten oft als Synonym für den Raum, Saal bzw. den ganzen Club gemeint. Dann geht es schon los mit den Vormach-Nachmach-Aktionen. Ziel ist, dass die Rhythmen von allen nachgespielt werden können.

Ablauf

Wenn Sie viele Mitspieler als Spielleiter beteiligen möchten, können Sie so verfahren:

- **Erster Spielleiter: Intro (Spielleiter) – Vormach-Nachmach-Aktion – Schluss – Intro (alle!)**
- **Zweiter und alle folgenden Spielleiter: Vormach-Nachmach-Aktion – Schluss – Intro (alle!)**
- **Letzter Spielleiter: Vormach-Nachmach-Aktion – Schluss**

Up and Down – Aufwärmspiel

08

Text und Musik: Richard Filz

Intro/Refrain

Spielleiter (Alle)

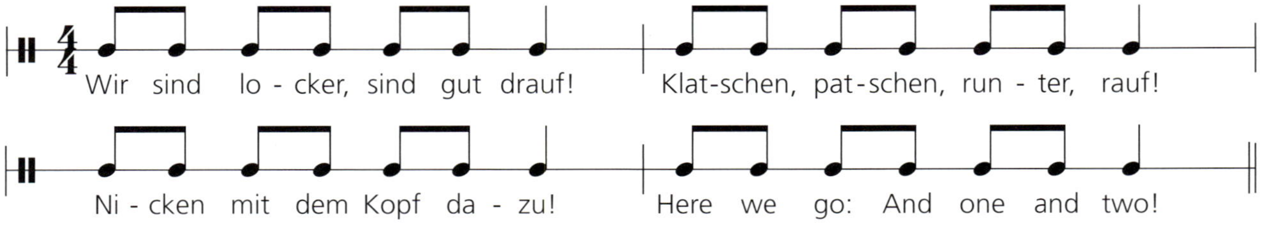

Strophen (Beispiele)

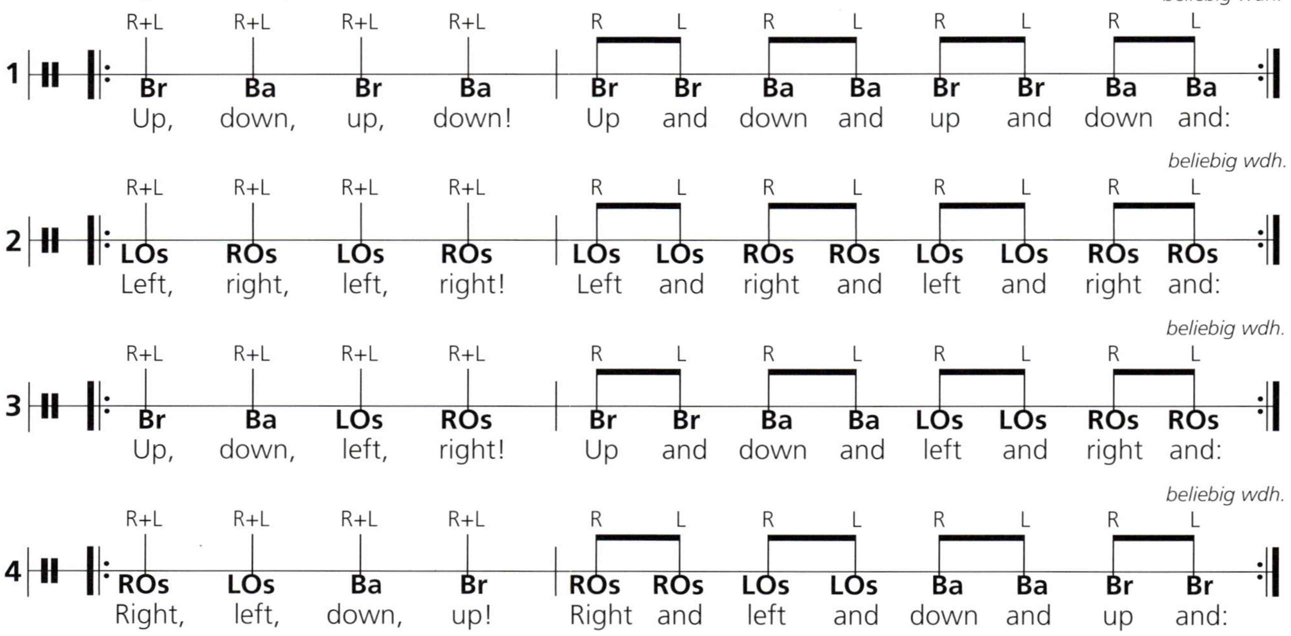

Schluss

Spielleiter

Hände lockern

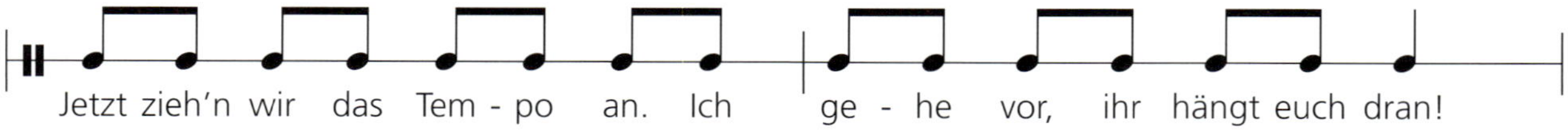

Alle

langsam beginnen, in den Wdh. das Tempo steigern

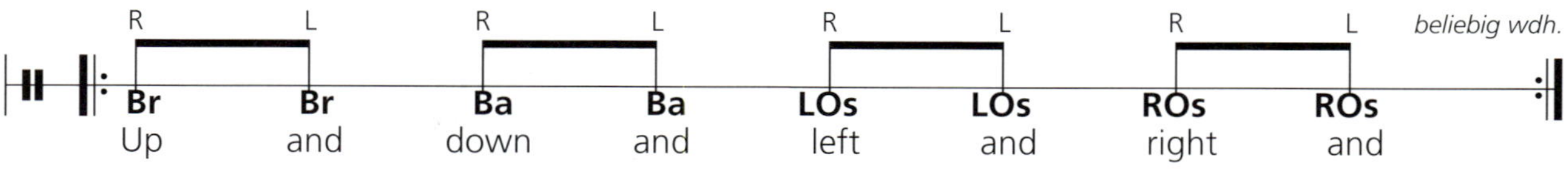

Br = auf den Brustkorb patschen
Ba = auf den Bauch patschen
LOs = auf den linken Oberschenkel patschen
ROs = auf den rechten Oberschenkel patschen

„Up and Down" ist ein Oben-unten-rechts-links-Koordinationsspiel. Nach Beherrschung des Up-down-left-right-Systems können wir in den Strophen auch andere Reihenfolgen erfinden. Die Strophen können vom Spielleiter vorgespielt und dann von der Gruppe wiederholt werden; oder sie werden, wenn die Gruppe mit den Sounds und dem rhythmischen Prinzip vertraut ist, gleich synchron mitgespielt.

Die Strophen werden dabei beliebig oft wiederholt, der Refrain auf Zeichen eingefügt. Der Schluss endet in einem Geschwindigkeits-Chaos.

Varianten

- Die Strophen werden entweder nur gesprochen oder nur gespielt.
- Kreisspiel-Variante: Anstelle der eigenen Oberschenkel spielen wir auf den Oberschenkeln der linken und rechten Sitznachbarn.
- Wir wählen einen Strophen-Takt aus und spielen ihn längere Zeit zur Übungsmusik (01–04).

Fliegenjagd – Aufwärmspiel

09

Text und Musik: Richard Filz

Refrain

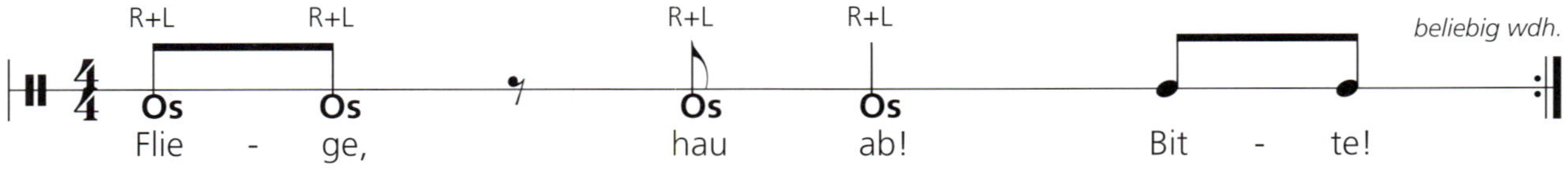

Refrain-Variante (mit gekreuzten Händen)

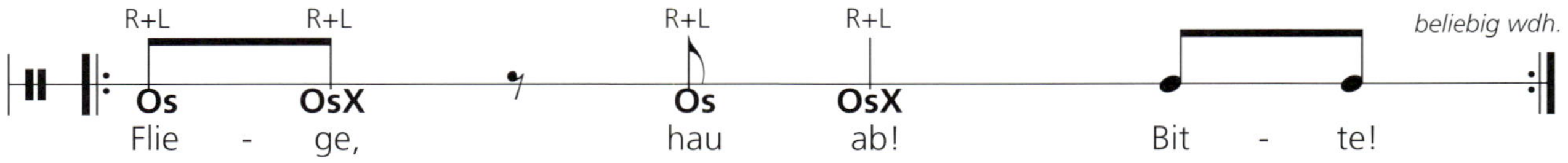

Strophen

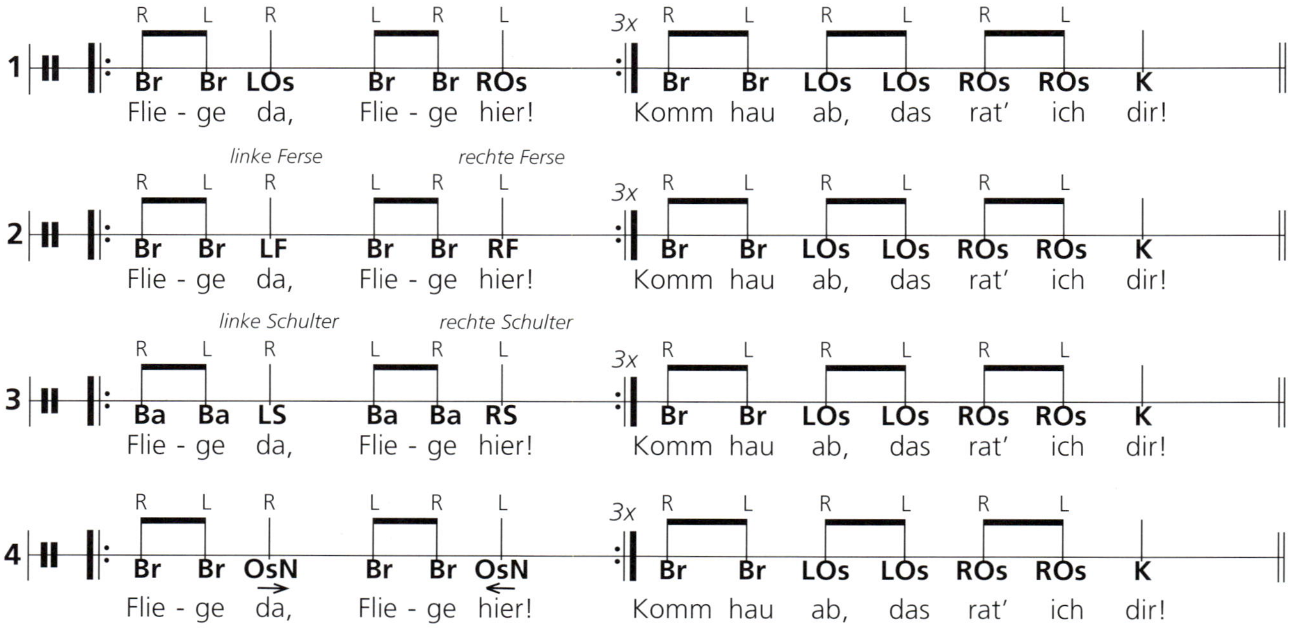

Schluss

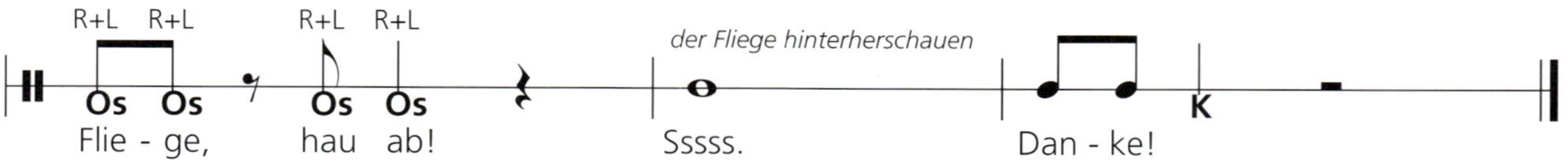

Os = auf die Oberschenkel patschen
OsX = mit überkreuzten Händen auf die Oberschenkel patschen
LOs = auf den linken Oberschenkel patschen
ROs = auf den rechten Oberschenkel patschen
OsN (→) = auf den Oberschenkel des rechten Nachbarn patschen
OsN (←) = auf den Oberschenkel des linken Nachbarn patschen

Br = auf den Brustkorb patschen
Ba = auf den Bauch patschen
K = klatschen
LF = auf die linke Ferse patschen
RF = auf die rechte Ferse patschen
LS = auf die linke Schulter patschen
RS = auf die rechte Schulter patschen

Die „Fliegenjagd“ ist ein Spielstück, das unseren ganzen Körper dehnt, aufwärmt und die Nachbarn einbezieht: Die Fliege kann sich überall hinsetzen, auch an kaum zu erreichende Stellen. Variieren Sie die Strophen, lassen Sie Ihre Fantasie und die Fliege noch zu anderen Orten fliegen: Je mehr Bewegung, desto besser!

Auch in diesem Warm-up können sich, wie bei „Up and Down“ (S. 30/31) Vormach-**Nachmach-** und Vormach-**Mitmach-Formen** mischen. Wir Lehrer können verbal und gestisch deutlich darauf bestehen, dass wir den jeweils ersten Strophen-Takt allein spielen, und dann kommt die Gruppe dazu und macht nach, **imitiert.** Manche Schüler sind in ihrer Auffassungsgabe aber so schnell und manche Spielleiter in ihren Bewegungen so deutlich, dass die Gesten fast **synchron mitgemacht** werden können. Auch dieses Spielprinzip macht großen Spaß!

Die Strophen können beliebig oft wiederholt werden, der Refrain wird auf Zeichen gespielt.

Happy Feet – Aufwärmspiel

10

Text und Musik: Richard Filz

Refrain

Spielleiter (Alle)

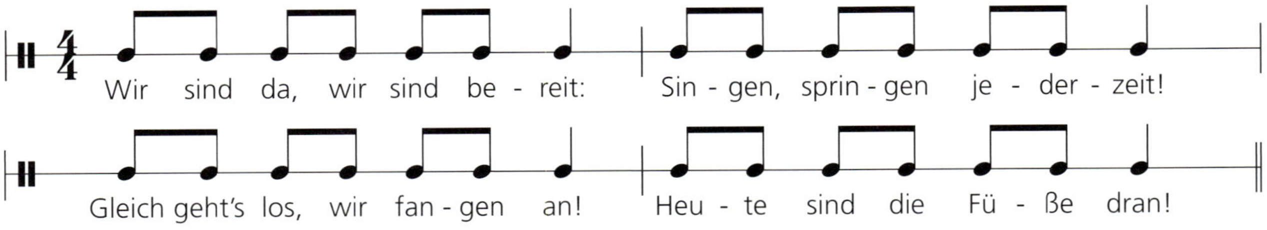

Strophen (erst sprechen, bei Wdh. stampfen)

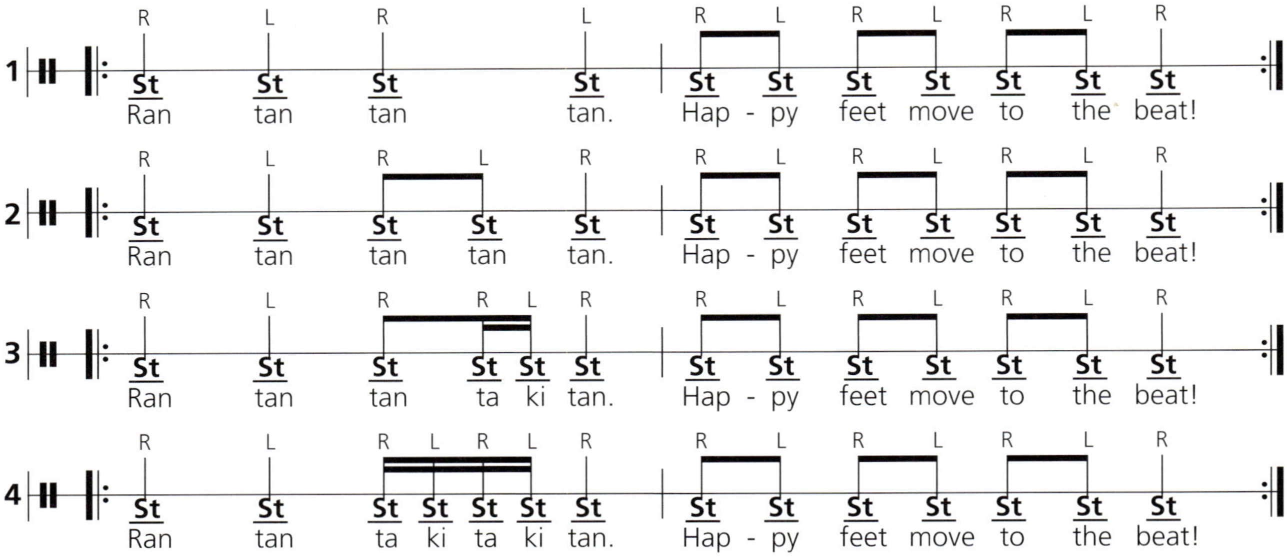

Schluss

Spielleiter

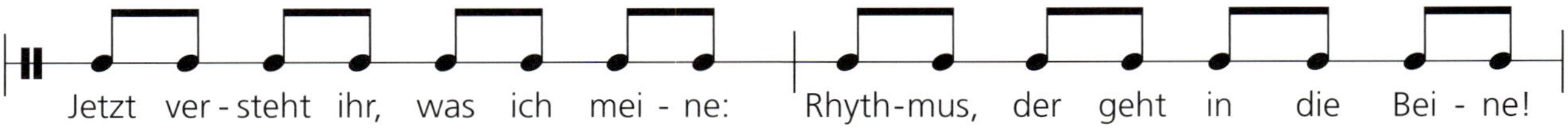

Alle

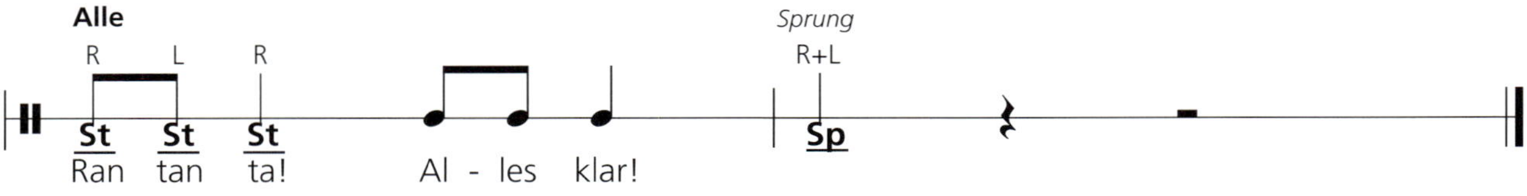

St = stampfen
Sp = springen

Ist „Happy Feet“ ein Tanz- oder ein Bodypercussion-Stück? Diesmal kommen als Körperklänge nur Stampfer und Sprünge vor. Die Strophen sollten vom Spielleiter vorgemacht und von der Gruppe anschließend imitiert werden, da Stampf-Bewegungen nicht so schnell durchschaut und umgesetzt werden können. Die Strophen werden beliebig oft wiederholt; der Refrain wird auf Zeichen eingefügt.

Die Fußsätze sind keine unumstößliche Norm. Probieren Sie den Fußsatz des ersten Taktes von Strophe 3 aus. Wenn er Ihnen schwierig vorkommt, stampfen Sie stattdessen abwechselnd: R – L – R LRL. Vielleicht klappt es damit sofort – dann bleiben Sie dabei! Und falls für Ihre Gruppe die Sechzehntel noch zu schwierig sind, erfinden Sie Strophen mit weiteren Achtel-Motiven.

Varianten

- Die Strophen werden entweder nur gesprochen oder nur gespielt.
- Statt auf der Stelle zu stampfen, gehen wir nach vorne, zur Seite oder nach hinten (vorher die Richtung vereinbaren!).
- Lassen Sie die Schüler in den Strophen eigene Rhythmen erfinden.
- Wir wählen einen Strophen-Takt aus und üben ihn längere Zeit zur Übungsmusik (01–04).

3. Rhythmustraining

In diesem Kapitel sind Übungen gesammelt, bei denen die **Entwicklung elementarer Rhythmus- und Spielfähigkeiten** im Mittelpunkt steht. Beides sind Aspekte des Musizierens, die kaum voneinander zu trennen sind; sie werden in jedem Stück dieses Buches geübt.

Rhythmusfähigkeit ist die Fähigkeit, Rhythmus zu empfinden und zu produzieren. Das kann mit der Stimme (Gesang, Rap), mit Händen und Füßen (Bodypercussion, Drumset), mit dem ganzen Körper (Tanz), an den unterschiedlichen Instrumenten mit einzelnen Fingern, mit der Zunge, mit der Atmung geschehen. Die Spezialisierungsfähigkeit der Menschen ist enorm: Rhythmisch virtuose Gitarristen, Blockflötenspieler, Rapper, sogar Schlagzeuger müssen nicht unbedingt souveräne Tänzer sein. Und Tänzer scheitern manchmal an einfachen Trommel- und Unabhängigkeitsübungen der Hände. Aber dennoch „haben" alle den Rhythmus!

Zur Rhythmusfähigkeit gehört, ...

> die „Gleichabständigkeit" in der Musik fühlen und äußern zu können.
In anderen Worten: den Beat zu spüren.

> die Schwerpunkte in einer Folge von Beats hören und darstellen zu können.
So bündeln wir die Beats zu Takten und später zu mehrtaktigen Gruppen.
Die Differenzierung „schwer – leicht" befähigt uns auch zur Empfindung der unterschiedlichen Taktarten.

> die Unterteilung des Beats fühlen und äußern zu können; also Achtel, Achteltriolen, Sechzehntel zu empfinden, zu sprechen und zu spielen.

> die Kraft der Offbeats als eine Art „parallele Energie" zu der Kraft der Beats fühlen und äußern zu können.

In „BodyGroove Kids 2“ geht es um Perkussion, um das Trommeln auf und mit dem Körper, und um die Verbindung rhythmischer Bewegung mit rhythmischer Sprache. Hier wird eine bestimmte **Spielfähigkeit** geübt, bestimmte Klänge und Bewegungen kommen vor.

Zur spezifischen rhythmisch-musikalischen Spielfähigkeit gehört also, ...

- die Hände in gleichbleibendem Beat-Tempo zu bewegen. Hierbei ist es noch egal, ob beide Hände gleichzeitig patschen, schnipsen, klatschen oder nur eine Hand dies tut.
- mit den Füßen in gleichbleibendem Beat-Tempo zu stampfen und durch den Raum zu laufen.
- auf die Beat-Ostinato-Bewegungen rhythmische Strukturen mit der Stimme oder mit den Händen zu gestalten.
- mit den Händen abwechselnd Rechts-Links (oder Links-Rechts) in gleichbleibendem Tempo zu trommeln (Hand-zu-Hand-Technik). Das bezieht Viertel, Achtel, Triolen und Sechzehntel mit ein.
- die Achtel-Offbeats (die „Und's“ zwischen den Zählzeiten) ganzkörperlich darzustellen: Ein Fuß (im Sitzen) oder beide Füße (im Stehen) tippen oder stampfen die Beats, die Stimme spricht und / oder die Hände spielen dazu einen oder mehrere Offbeats.

Die Spielstücke

Rhythmen bestehen aus hörbaren Ereignissen und Stille-Phasen; im Notenbild sehen wir entsprechend Noten- und Pausenzeichen und etliche Taktstriche. **Unerlässliche Basis für rhythmisches Verständnis – einerlei, ob wir Musik nach Noten oder Gehör machen – ist das Beat-Gefühl;** jeder Musiker braucht den inneren, gleich bleibenden Rhythmuspuls. Vom Säuglingsalter über die Kindergartenzeit bis in die Grundschule wird dieses Beat-Gefühl durch gemeinsames Singen, Sprechen von Gedichten, Tanzen, genauso auch durch Finger-, Klatsch- und andere Bewegungsspiele geübt und verbessert. Im ersten Band der Reihe „BodyGroove" finden Sie Spiele und kleine Stücke, welche auf die Rhythmusarbeit mit Grundschülern ausgerichtet sind und gerade das zum Ziel haben.

Für Schüler der Altersgruppe von 9 bis 13 Jahren ist es möglich, nach und nach – in individuell unterschiedlichem Lerntempo und bis zu unterschiedlicher Beherrschung – weitergehende Qualitäten zu entwickeln:

> **Verbesserung des Puls- und Taktgefühls:** Damit gemeint ist die Beat-Stabilität und die Taktsicherheit im Zweier- und Dreier- bzw. Sechser-Schrittmuster. Für diese zwei eng zusammenhängenden Aspekte finden Sie Anregungen in den Stücken „Beat Is in the Feet" (S. 38/39) und „Eins, zwei, drei – ist doch nix dabei" (S. 40/41).

> **Verbesserung des Gefühls für die verschiedenen Unterteilungen:** Das ist die Unterscheidung und Beherrschung von Zweier-, Dreier- und Vierer-Teilungen des Pulses (Achtel, Achteltriolen oder Achtel im 6/8-Takt, Sechzehntel). Dafür dienen alle Stücke, im Besonderen die „Vier Klatscher" (S. 45) und das „Überraschungsei" (S. 46).

> **Unterscheidung und Beherrschung von Beat und Achtel-Offbeat.** Die Achtel-„Hand-zu-Hand"-Version (S. 44), die Offbeat-Übungsreihe (S. 48), angewendet in „Vitamine" (S. 49), die Übungen zum Universalrhythmus (S. 50/51) und das „Auszeit"-Stück (S. 52) gehören in diese Kategorie.

Die Aufteilung der verschiedenen Aspekte des Erlernens von Rhythmus entspricht aber nicht unserer Musizierrealität: Denn in fast jedem Stück findet **Beat-, Offbeat- und Takt-Training** statt, verschiedene Notenwerte, Spieltechniken und das Zusammenspiel werden geübt. Die Entwicklung dieser hier getrennt betrachteten Fähigkeiten geschieht also gleichzeitig.

Natürlich finden sich auch in den folgenden Übungsspielen noch ganz andere Optionen: **Sie können zu kleinen Warm-ups reduziert werden, oder Sie arrangieren sie zu raffinierten, bühnentauglichen Stücken.** Lassen Sie z.B. bei „Hand zu Hand" (S. 42 – 44) den Refrain weg und machen daraus mit Ihren Schülern ein fünfminütiges Trommelspiel. Das Stück „Auszeit" (S. 52) kann dazu anregen, mit den Schülern rhythmisch passende Gemüsesorten, Namen, Städte oder Automarken zu suchen und daraus neue Rhythmen zusammenzubauen; und aus dem „Überraschungsei" (S. 46) wird im Handumdrehen ein tolles Performance-Stück.

Beat Is in the Feet – Übungsspiel für die Fußbeats

11

Wir beginnen mit dem rhythmischen Intro-Text. Dann kommen im Refrain die Füße dazu, sie stampfen während des gesamten Stücks durchlaufend den Beat. Erst auf der allerletzten Zählzeit des Schluss-Teils stoppt die Bewegung. Die Beat-Stampfer sind genauso wichtig wie die Klatscher!

Es geht bei diesem Stück um die Rhythmusebenen, die sich im Verhältnis der Klatscher zu den am Platz gestampften Beats ausdrücken: gleich, doppelt oder halb so schnell (Viertel, Achtel, Halbe). Mit dem Signalruf „Beat is in the feet!" enden jeweils die Klatscher einer Strophe und der Spielleiter sagt das neue Klatsch-Tempo an („double speed", „half speed" etc.). Die Spielleiter-Rolle kann wechseln.

St = **stampfen**
K = **klatschen**

… in the Feet – Übungsspiel für die Fußbeats

11

Text und Musik: Richard Filz

Eins, zwei, drei – ist doch nix dabei –

Übungsspiel im 3/4-Takt

12

Text und Musik: Ulrich Moritz

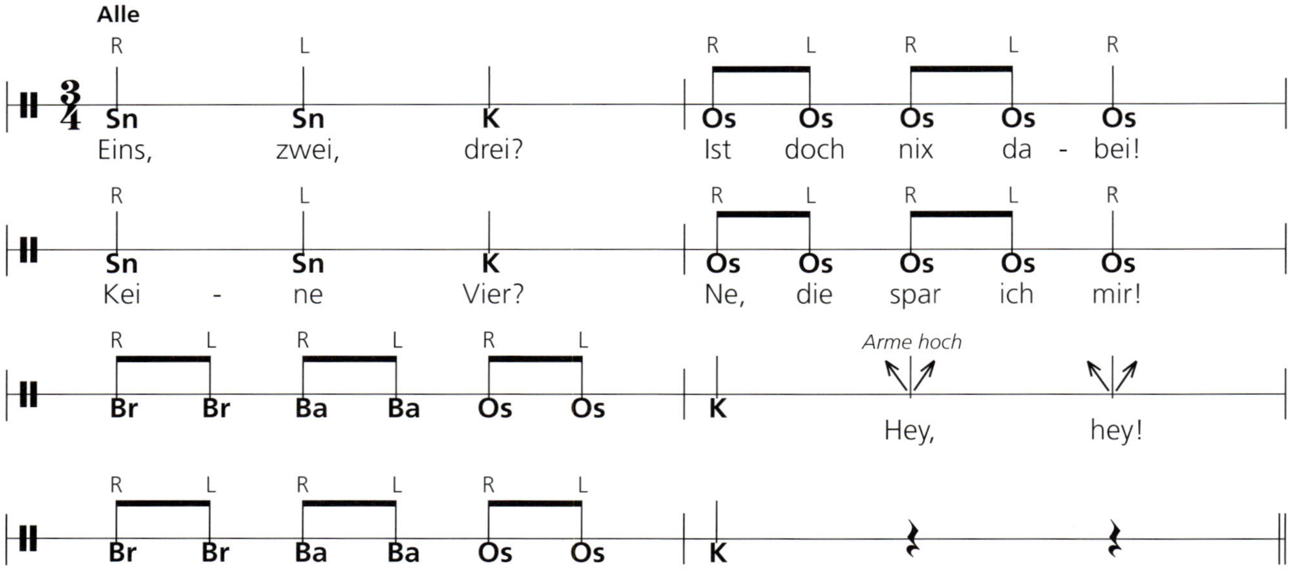

Begleit-Groove für Vormach-Nachmach-Aktionen

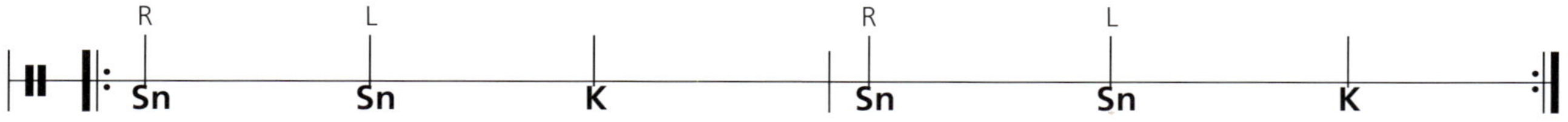

Schrittfolge (für den Stehkreis)

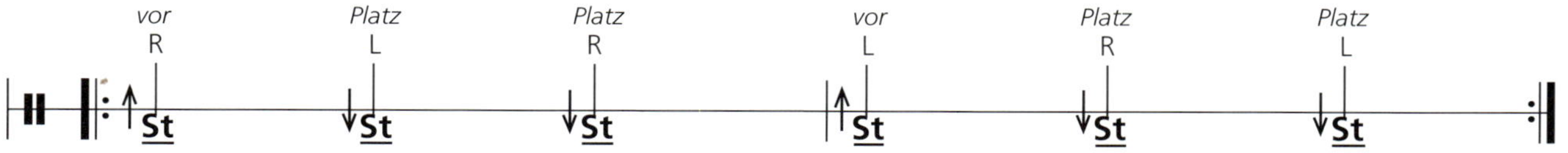

Sn = schnipsen
K = klatschen
Os = auf die Oberschenkel patschen
Br = auf den Brustkorb patschen
Ba = auf den Bauch patschen
↖↗ = Arme nach oben strecken
St = stampfen

Sicherheit im 4/4-Takt zu erlangen, ist unser erstes Anliegen – einfach deshalb, weil diese Taktart so unglaublich weit verbreitet und so dominant ist. Uns Zweibeinern und Zweihändern fallen die binären Rhythmen, die 2/4- und 4/4-Takte mit Achteln und Sechzehnteln meist leichter als all das, was mit der Drei zu tun hat. Gerade deswegen sind aber auch die „Rettungsmaßnahmen" für ungerade Taktarten wichtig! Jede Taktart hat ihre eigene musikalische Schönheit und sollte mit den Schülern unbedingt geübt werden.

Dieses Stück im 3/4-Takt eignet sich für den Sitz- oder Stehkreis. Für den Stehkreis können wir ein **Schrittmuster** verwenden, das uns die eigene Kraft und Schwingung des **Drei-Beat-Zyklus** mit dem ganzen Körper spüren lässt (vgl. „Schrittfolge“, S. 40). Dazu laufen wir die Viertel-Beats und setzen die Schritte auf Zählzeit 1 etwas nach vorn; das macht im ersten 3/4-Takt der rechte Fuß, im zweiten der linke, so entsteht ein Sechser-Schrittmuster. Nach etwas Übungszeit kann diese Schrittfolge eine tolle Hilfe werden, zuverlässig im Beat und im 3/4-Takt zu bleiben.

Der **Begleit-Groove** ist für Soli oder **Vormach-Nachmach-Aktionen** gedacht. Dann spielt etwa eine Hälfte der Gruppe den Groove, die andere folgt dem Vormacher. Mit Bodypercussion ist das erfahrungsgemäß im 3/4-Takt nicht einfach. Beginnen Sie deshalb mit **Vokalrhythmen;** empfehlenswert ist es, einen eintaktigen Rhythmus zweimal vorzusprechen und ebenso wiederholen zu lassen. Wenn die Sprechrhythmen gut imitiert werden können, probieren Sie das Gleiche mit einfachen Bodypercussion-Rhythmen.

Partnerklatscher rechts

Partnerklatscher links

Varianten

- Wir spielen das Stück als Partnerspiel: Die zwei Schnipser im ersten Takt werden zu zwei Rechts-links-Partnerklatschern (siehe Fotos); zu den beiden „Hey“-Rufen in Takt 6 machen wir zwei beidhändige Partnerklatscher.
- Ein Platz- und Partnerwechsel ist möglich in der Pause im letzten Takt.
- Wir können auch zu Musikbegleitung spielen (05).

Hand zu Hand – Übungsspiel mit Viertel- und Achtel-Variante 13

Das Hand-zu-Hand-Trommelsystem ist grundlegend für die Entwicklung rein motorischer, aber auch generell rhythmischer Fähigkeiten. Es bedeutet, dass die Hände im gleichbleibenden Tempo abwechselnd spielen (Rechtshänder R – L, Linkshänder L – R), auch wenn laute und leise Schläge wechseln, auch wenn die Hände auf unterschiedliche Flächen auftreffen, auch wenn leise Schläge unhörbar in der Luft getrommelt werden. Das Ergebnis ist: Wenn wir Achtel spielen, landen bei Rechtshändern alle Beat-Akzente, alle Viertelnoten auf der rechten Hand; alle Offbeats, alle Schläge auf „und" werden mit links gespielt.

Das Rhythmusspiel „Hand-zu-Hand" können wir im Sitz- oder Stehkreis spielen. Sie finden es in zwei Versionen: Die erste Version arbeitet nur mit Viertel-Beats, sowohl in der Begleitung des Refrain-Textes als auch in den Strophen mit den Solo-Ansagen und nachfolgenden Gruppen-Aktionen. Die zweite Version (S. 44) hat in beiden Teilen eine Achtelpuls-Bewegung unterlegt.

Hand zu Hand: Version 1 – Übungsspiel mit Vierteln 13

Text und Musik: Ulrich Moritz

Refrain

Strophen (Beispiele)

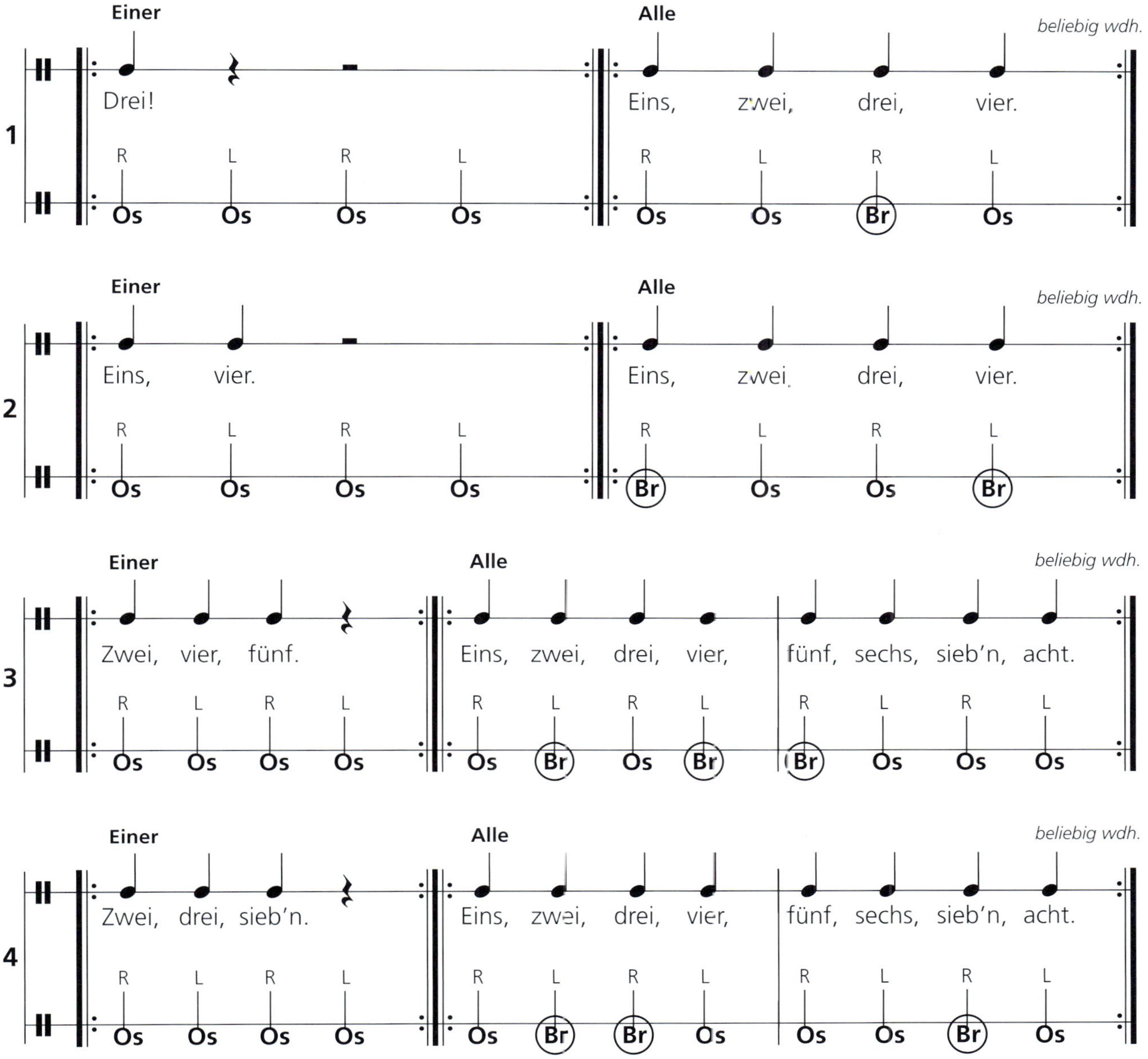

Os = auf die Oberschenkel patschen
Br = auf den Brustkorb patschen

Den Refrain sprechen und spielen alle. Dann ruft der Mitspieler, der im letzten Refrain-Takt benannt wurde, eine oder zwei Zahlen von 1 bis 4, am besten zweimal (siehe Strophen-Beispiele 1 und 2). Die Gruppe zählt anschließend laut alle Beats mit und trommelt die angegebenen Zählzeiten mindestens viermal als Akzente auf dem Brustkorb.

Dann ist der nächste im Kreis dran, neue Zahlen zu rufen. Nach dem vierten Ansager gehen wir zum Refrain zurück. Später können wir die Länge des Rhythmus auf acht Beats und bis zu drei Zahlen von 1 bis 8 erweitern (siehe Strophen-Beispiele 3 und 4). Spielvarianten sind auf S. 44 genannt.

Die Spielleiter können wechseln. Jeweils nach drei oder vier Zahlen-Ansagen kehren wir zurück zum Refrain. Den letzten Refrain beschließen wir mit dem Ruf: „Keiner – ist dran!"

Auf dem Video (13) ist zunächst Version 1, dann Version 2 zu sehen, jeweils der Refrain mit den Strophen 2 und 3.

Hand zu Hand: Version 2 – Übungsspiel mit Achteln

13

Text und Musik: Ulrich Moritz

Strophen (Beispiele)

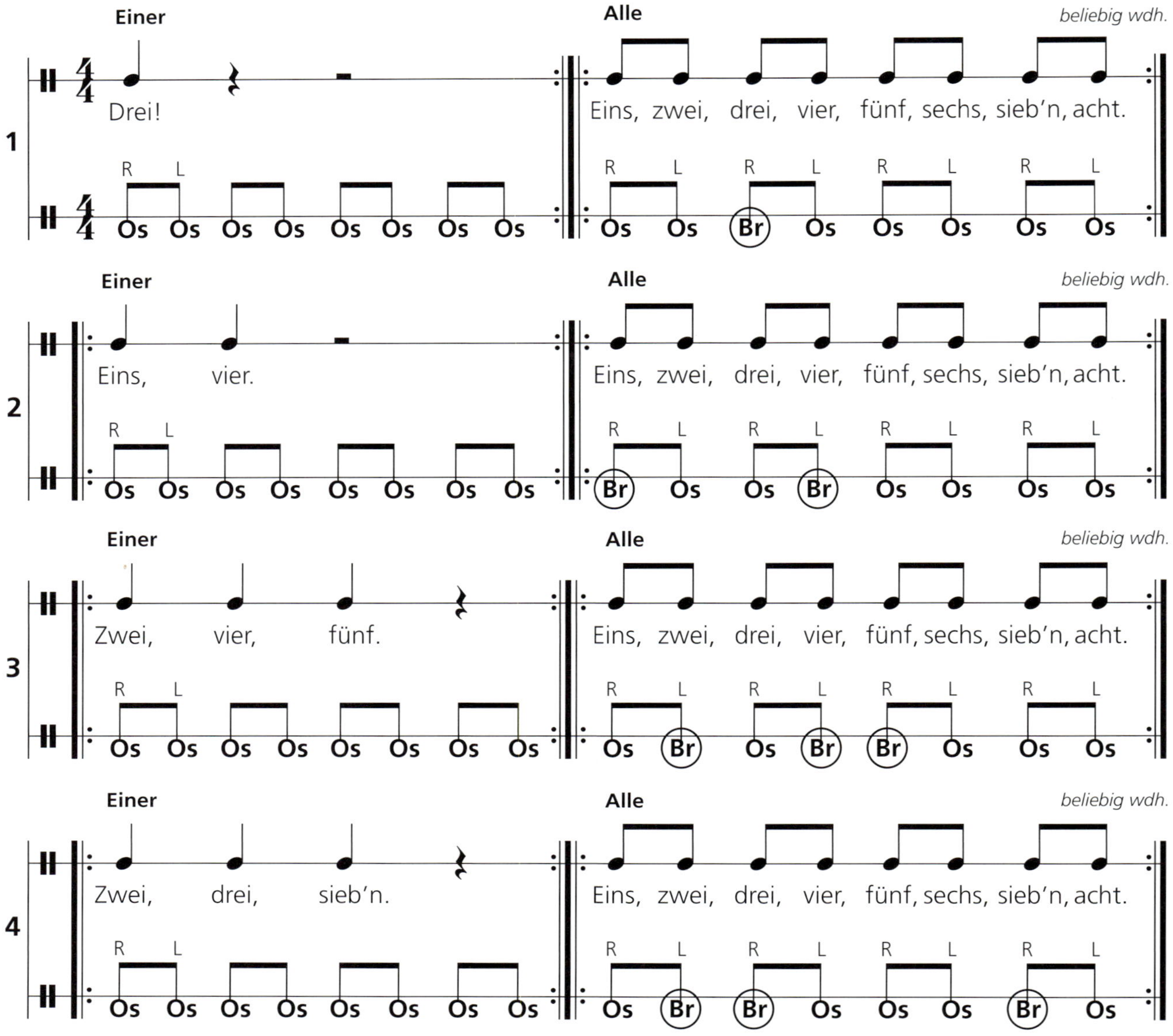

Möglichst bald sollten wir zu dieser zweiten Version kommen. Refrain-Text und Ablauf bleiben gleich (vgl. S. 42/43). Aber diesmal sind nicht Viertel, sondern Hand-zu-Hand gespielte Achtel die Grundlage im Refrain sowie in den Strophen. Auch hier sollte in den Ansagen zunächst nur eine Zahl genannt werden (siehe Strophen-Beispiel 1), erst später zwei oder drei zwischen 1 und 8 (siehe Strophen-Beispiele 2, 3 und 4). Das Spieltempo sollte nicht so hoch sein, die Achtel müssen sich entspannt spielen lassen.

Varianten für beide Versionen

- **Wir spielen im Stehen und stampfen die Beats. Dazu trommeln wir die Viertel bzw. Achtel auf den Oberschenkeln.**
- **Als Partnerspiel kann „Hand zu Hand" zu einem wunderbaren Geschicklichkeitsspiel werden: Statt der Brustkorb-Akzente klatschen wir dem Nachbarn in die Hände. Die Handsätze bleiben!**

Vier Klatscher – Notenwerte-Übungsspiel

14

Text und Musik: Ulrich Moritz

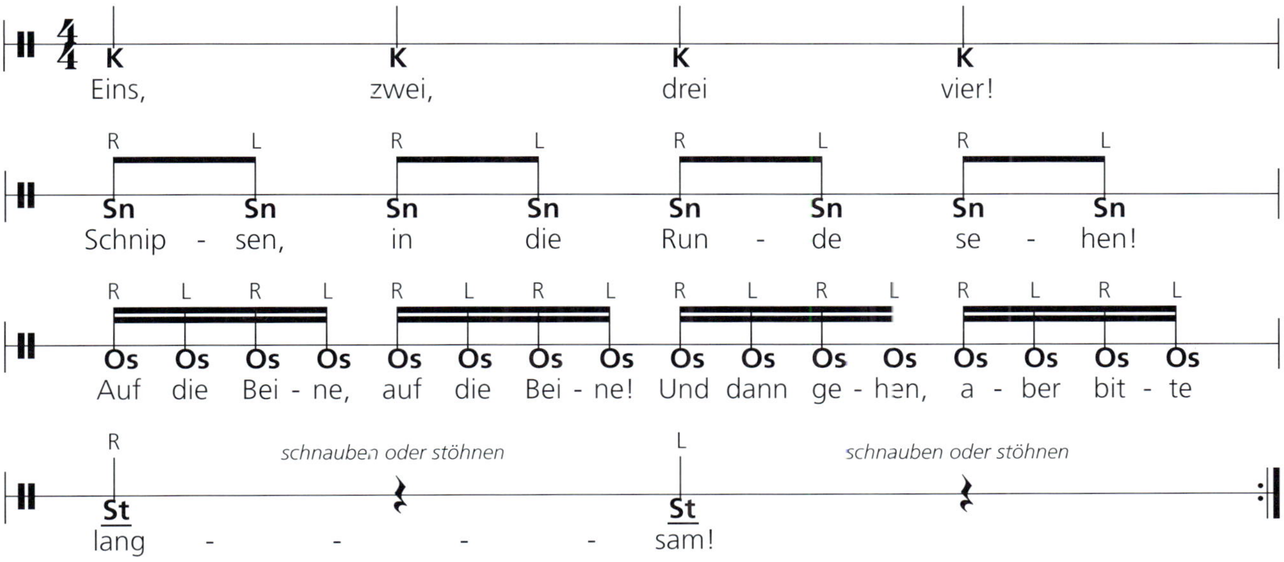

K = klatschen
Sn = schnipsen
Os = auf die Oberschenkel patschen
St = stampfen

Diese kleine Übung mit vier Rhythmusebenen ist als Unisono-Stück oder sehr schön als vierstimmiger Kanon spielbar. Im Kanon erfolgt der Einsatz eintaktig versetzt.

Varianten

> Wir lassen den Text weg und spielen nur Bodypercussion; das Schnauben bzw. Stöhnen im letzten Takt wird jedoch beibehalten!

> Mit den zwei Schritten können wir uns vom Platz entfernen und ab und zu Partner erreichen, mit denen wir dann die Viertel im ersten Takt klatschen.

> Wir können die Sechzehntel im dritten Takt auch als sanfte Patscher auf fremde Rücken trommeln.

Überraschungsei – Übungsspiel mit Akzenten im 6/8-Takt

15

Text und Musik: Ulrich Moritz

Refrain

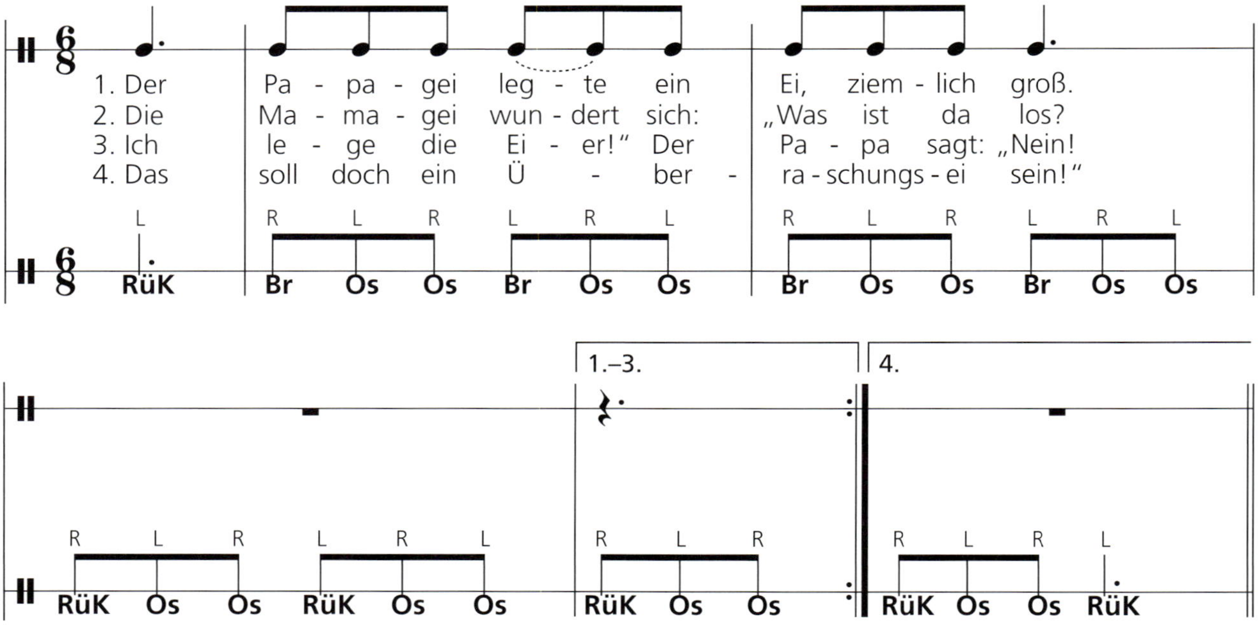

Bodypercussion-Strophen

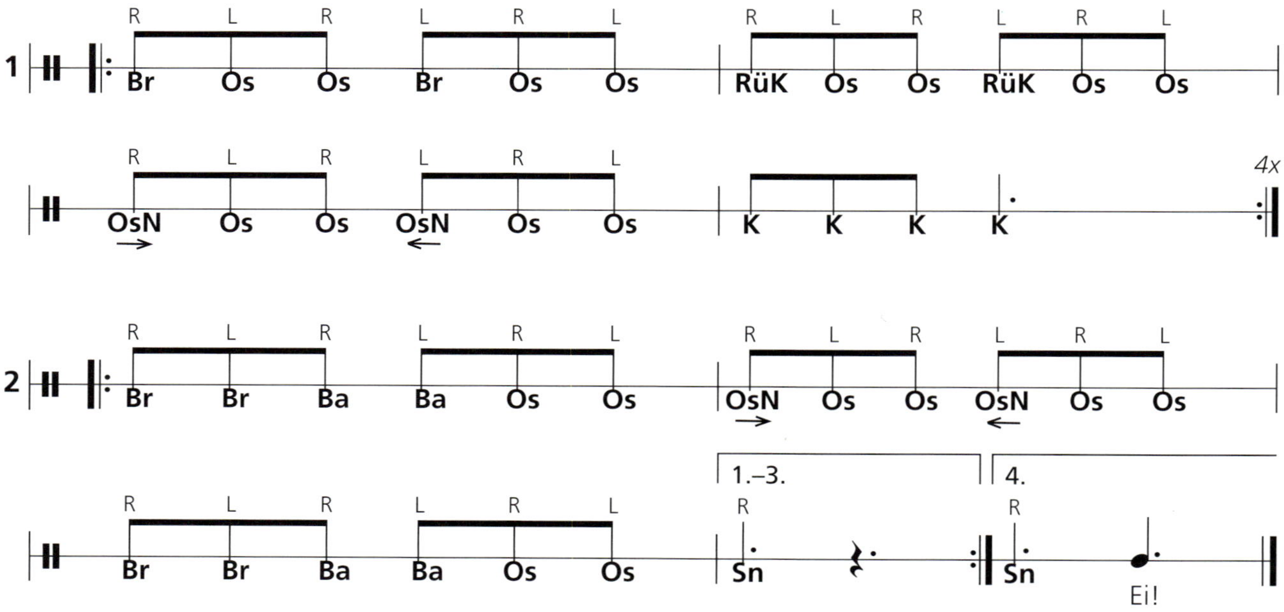

Groove

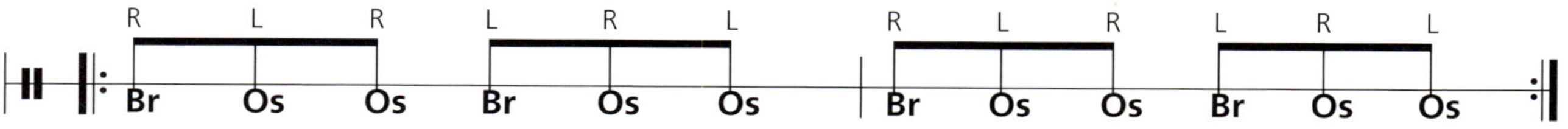

RüK	=	**auf den Handrücken klatschen (siehe Foto S. 61)**
Br	=	**auf den Brustkorb patschen**
Os	=	**auf die Oberschenkel patschen**
K	=	**klatschen**
OsN →	=	**auf den Oberschenkel des rechten Nachbarn patschen**
OsN ←	=	**auf den Oberschenkel des linken Nachbarn patschen**
Ba	=	**auf den Bauch patschen**
Sn	=	**schnipsen**

Eines hat im Stück „Vier Klatscher“ (S. 45) noch gefehlt: Wir können einen Beat auch in drei gleich lange Abschnitte unterteilen. Diese Rhythmen können wir als Achteltriolen oder, wie im „Überraschungsei“, als Achtel im 6/8-Takt aufschreiben. Hier bilden Dreier-Gruppen mit ihren zwischen rechts und links wechselnden Beat-Betonungen das rhythmische Grundgerüst.

Dazu kommt der „Rückhand-Klatscher“: Dabei klatscht die aktive Hand (deren Handsatz über der Note steht) mit der Handinnenfläche auf den Handrücken der anderen Hand (siehe Foto S. 61). Wie im Video gut zu sehen ist, geschieht das dicht über den Oberschenkeln, da wir direkt davor und danach auf die Oberschenkel trommeln.

Ablauf

„Grooven“ Sie die Gruppe vor jedem Refrain mit vier Takten Br – Os – Os ein (vgl. Groove, S. 46). Auf dem letzten linken Brustkorb-Patscher stoppt die Bewegung kurz, und der Text beginnt. Probieren Sie dies mit folgendem Ablauf aus:

> **4 Takte Eingrooven – Refrain – Bodypercussion-Strophe 1**

> **4 Takte Eingrooven – Refrain – Bodypercussion-Strophe 2**

> **Schluss auf „Ei!“ (Strophe 2) nach der letzten Wiederholung**

Varianten

> **Lassen Sie die Schüler eigene Bodypercussion-Strophen im 6/8-Takt erfinden.**

> **Ein Spieler soliert über dem Groove (von allen gespielt), z.B. vor dem zweiten Refrain.**

Offbeats – Übungsreihe

16

Solche puren Übungsreihen wie die folgende finden Sie in diesem Buch selten. In der Regel sind die Übungen in Spielstücke „verpackt". Aber auch Übungsreihen können Spaß machen mit ihrer Gradlinigkeit und ihrem konsequenten Aufbau; wenn man sie öfter wiederholt, können sie einen meditativen, rituellen Charakter bekommen, der vielen Kindern und Jugendlichen (wie auch Erwachsenen!) gut tut. An den Übungsreihen erkennt man auch am besten die eigenen Fortschritte.

Text und Musik: Richard Filz

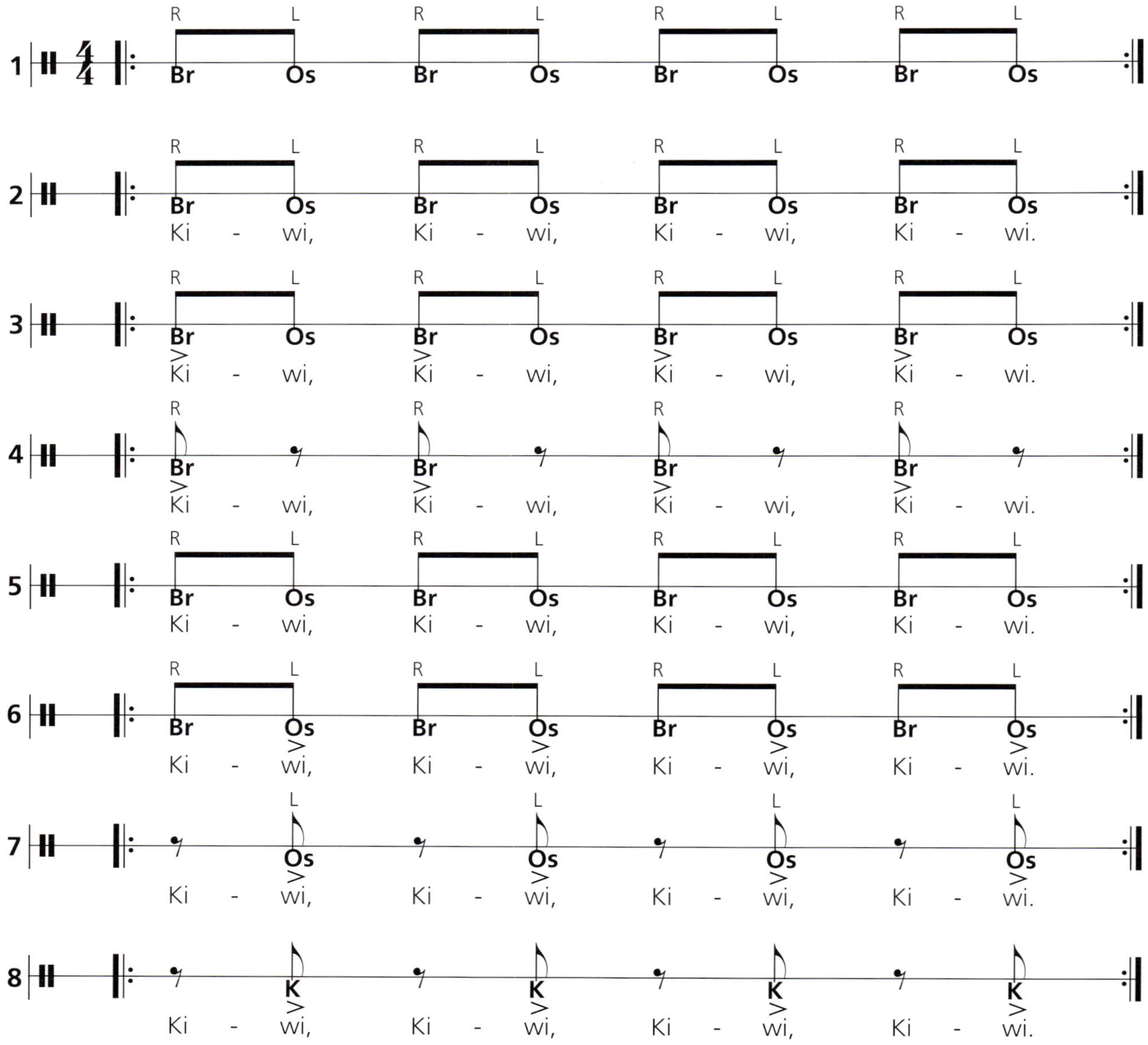

Br = **auf den Brustkorp patschen**
Os = **auf die Oberschenkel patschen**
K = **klatschen**

„Offbeats“ werden alle Schläge genannt, die nicht auf den Beats liegen. Und was der Beat, der gefühlte Basis-Puls oder Grundschlag einer Musik ist, muss immer definiert werden. In den Stücken dieses Buches stellen die Viertelnoten das Beat-Tempo dar (außer in den 6/8-Stücken, wo die punktierten Viertel die Beats sind). Eigentlich müssten wir bei den Offbeats, um die es hier geht, also präziser von „Achtel-Offbeats“ sprechen, denn es gibt auch Sechzehntel-Offbeats, Achteltriolen-Offbeats etc. Das Wichtigste bei jeder Offbeat-Übung ist, den Beat nicht zu verlieren. Ohne Beat-Sicherheit gibt es keinen kompetenten Umgang mit Offbeats!

Wir sitzen oder – noch besser – stehen im Kreis, patschen leise Achtel, sprechen das zweisilbige Wort „Ki-wi“ und schälen mit Stimme und Bewegung die Akzente heraus (vgl. Übungen 1 bis 7). Endergebnis soll der geklatschte Offbeat auf dem entspannt und rhythmisch präzise gesprochenen „Kiwi“ sein (Übung 8). Versuchen Sie, mit der Gruppe im Spielfluss zu bleiben und ohne Unterbrechung von einer Übung zur nächsten zu wechseln!

Varianten

- Wir tippen (sitzend) oder stampfen (stehend) zur gesamten Übungsreihe mit den Füßen im Viertelpuls.
- Wir wiederholen die Übung mit anderen zweisilbigen Wörtern (Betonung auf der ersten Silbe).
- Wir spielen die Übungsreihe oder einzelne Takte zur Übungsmusik (01–04).
- Wir spielen die Achtel auf den Oberschenkeln und führen die Akzente als Partnerklatscher aus.
- Die Gesamtgruppe wird in zwei Hälften geteilt. Gestartet wird mit Übung 1, auf Ansage wird zweistimmig gespielt: Beat (Übung 4) gegen Offbeat (Übung 7).

Vitamine – Offbeat-Übungsspiel 17

Text und Musik: Richard Filz
© Helbling

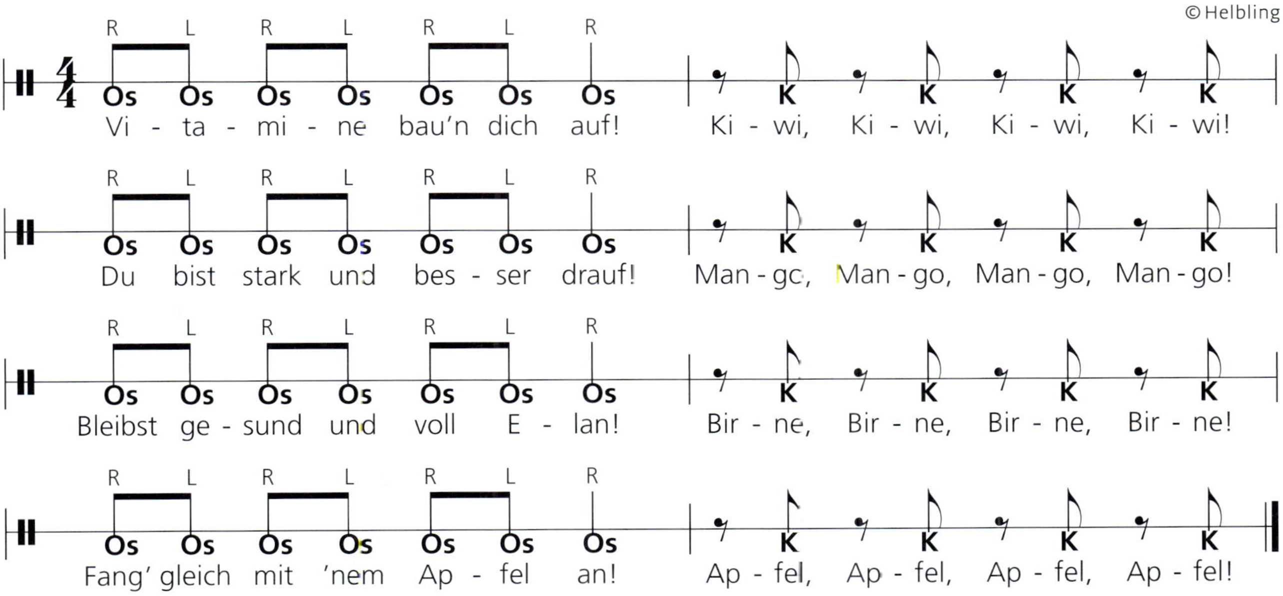

Auch wenn Übungsreihen ihren Reiz haben, müssen die Schüler es ja nicht immer bemerken, dass sie gerade ein kniffliges rhythmisches Problem, nämlich den Offbeat, üben – wie mit diesem kleinen „Vitamine“-Übungsspiel.

Varianten

- Je nachdem ob wir sitzen oder stehen, tippen oder stampfen wir mit den Füßen im Viertelpuls.
- Wir suchen weitere zweisilbige Obstsorten.
- „Vitamine“ kann auch als zweistimmiger Kanon gespielt werden; die zweite Stimme startet nach einem Takt.

Universalrhythmus – Übungsreihe

18

Als „Universalrhythmus" bezeichnet man die Teilung von acht Rhythmusimpulsen in die Gruppen **3 + 3 + 2.** Diese rhythmische Struktur wurde und wird überall auf der Welt mit Begeisterung gespielt, in der traditionellen Musik in Kuba, Brasilien, Afrika, Indien, der arabischen Welt genauso wie in Korea, Europa und Nordamerika. Heute taucht dieses Pattern vielfach in Pop, Rock und Jazz auf und wird bisweilen auch **„Halber Clave"** oder **„Ein-Takt-Clave"** genannt.

So sieht der Universalrhythmus in drei verschiedenen Notenbildern aus:

a. Als durchgehende Achtel:

b. Mit Bindebogen und sichtbarer Taktmitte:

c. In „Notenpaketen" (punktierte Viertel) ohne sichtbare Taktmitte:

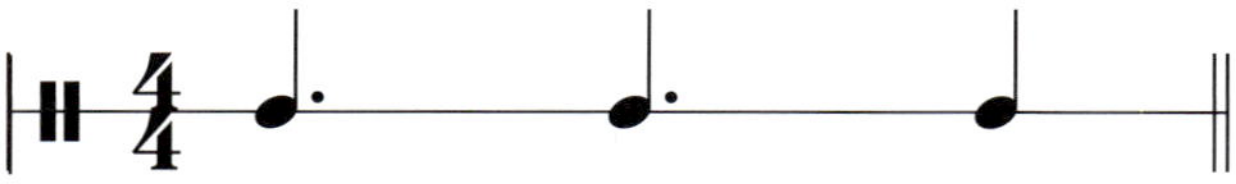

Mit seinen zwei Dreier-Gruppen und dem dadurch entstehenden Offbeat auf Zählzeit 2 + ist der Universalrhythmus voller rhythmischer Spannung – die dann zum Taktende wieder aufgelöst wird. Der Rhythmus ist auch einfach genug, sodass die ganze Welt ihn verstehen und zu ihm tanzen kann!

Erarbeitung

Der Universalrhythmus wird Schritt für Schritt in einer siebenstufigen Übungskette erarbeitet (siehe Übungen 1–7, S. 51). Dabei sollte jeder Übungstakt so lange gespielt werden, dass möglichst jeder Schüler mitkommt.

Zunächst patschen wir ruhige Hand-zu-Hand-Achtel auf den Oberschenkeln (Übung 1) und sprechen darauf den Rhythmustext „Ananas, Banane, Kiwi" (Übung 2). Schon stimmlich betonen wir die ersten Silben jedes Wortes, nacheinander legen wir die entsprechenden Patscher auf den Brustkorb (Übungen 3, 4 und 5). Die Zwischenschläge werden allmählich leiser und fallen später weg (Übung 6). Die Akzente können dann zu Klatschern, Schnipsern etc. werden (Übung 7). Wir bleiben im Spielfluss und spielen die einzelnen Übungstakte möglichst ohne Unterbrechungen nacheinander.

Universalrhythmus – Übungsreihe

18

Text und Musik: Richard Filz

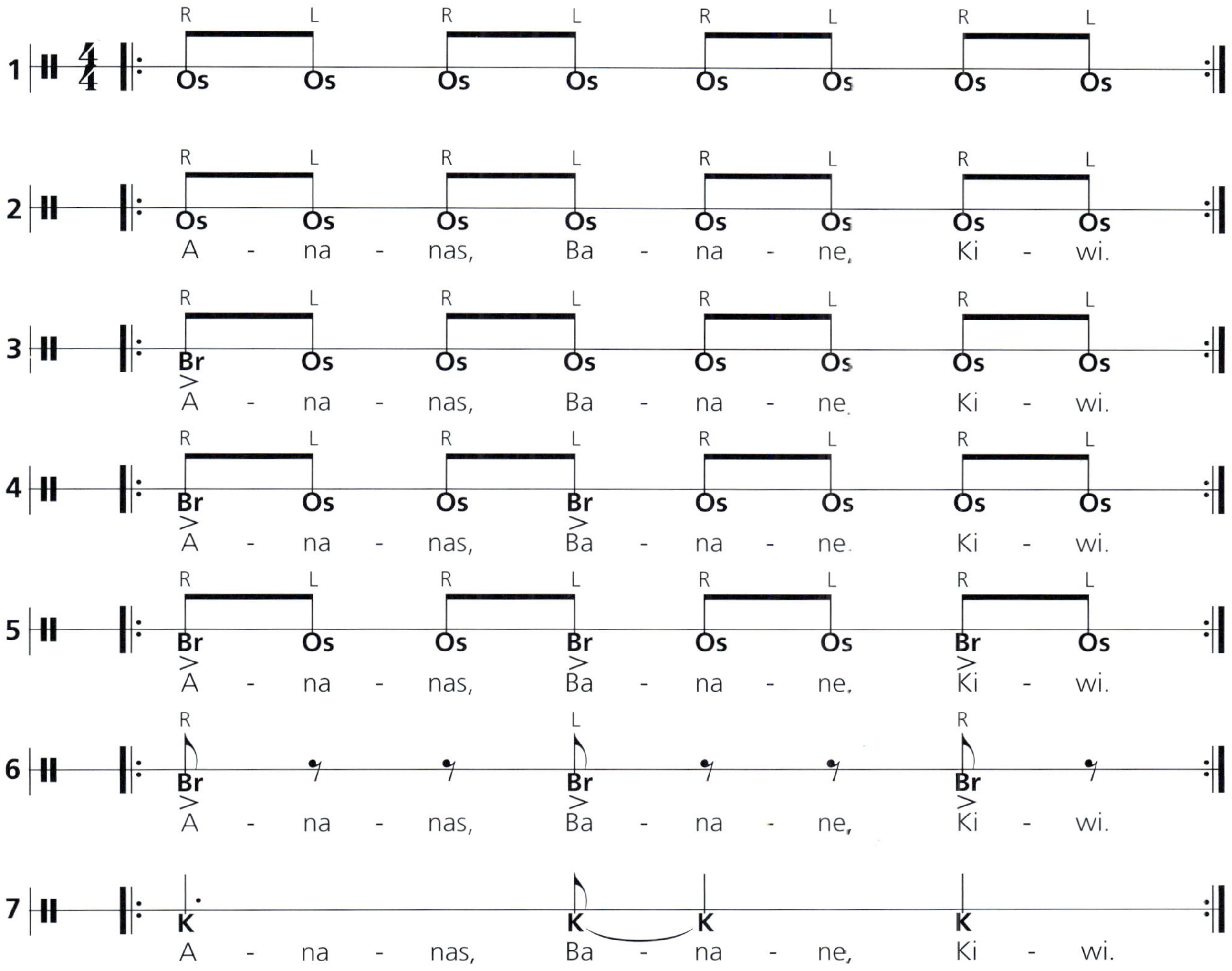

Os = **auf die Oberschenkel patschen**
Br = **auf den Brustkorb patschen**
K = **klatschen**

Varianten

- Wir stampfen während der ganzen Übung mit dem Fuß im Viertelpuls.
- Kreisspiel-Variante: Wir spielen die Akzente auf den Oberschenkeln der Nachbarn (Handsätze beibehalten!).
- Die ganze Übungsreihe oder auch Einzeltakte können längere Zeit zur Übungsmusik gespielt werden (01–04).

Auszeit – Universalrhythmus-Spielstück

19

Text und Musik: Richard Filz

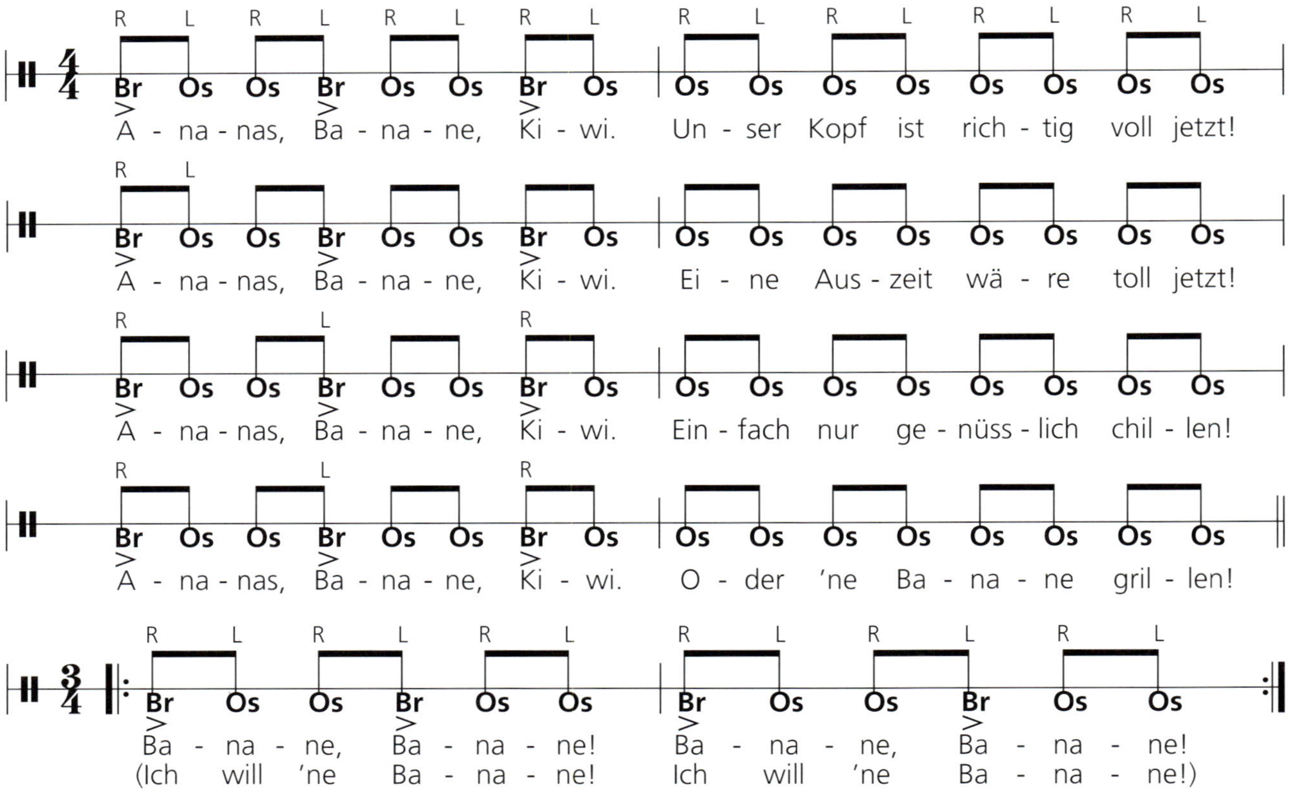

Br = auf den Brustkorb patschen
Os = auf die Oberschenkel patschen

Dieses kleine Spielstück ist aus der Übungsreihe zum Universalrhythmus (siehe S. 51) entstanden. Aber am Ende wartet eine Überraschung auf uns, das Verschwinden von Ananas und Kiwi signalisiert, dass etwas Neues passiert: Aus zwei Bananen wird ein 3/4-Takt! Und während wir diese Zeile spielen, sind wir schon gespannt auf die Rückkehr zum 4/4-Takt des Anfangs. Mit diesen Taktwechseln erzeugen wir rhythmische Spannung und können das Stück immer wieder neu beleben.

Varianten

> Wir stampfen während der Übung mit dem Fuß im Viertelpuls.

> Wir erfinden neue Akzente: auf Bauch, Schulter, Nase, Handrücken etc.

> Wie wäre es mit einem Bodypercussion-Solo über der letzten Zeile? Dann spielen wir diese Zeile erst zweimal mit Text, dann zweimal ohne Text als Begleitung für ein Solo; danach beginnen wir das Stück von vorne.

> Partnerspiel-Variante: Die Partner stehen oder sitzen einander gegenüber; die Akzente werden als Partnerklatscher (PK) ausgeführt. Beispiel:

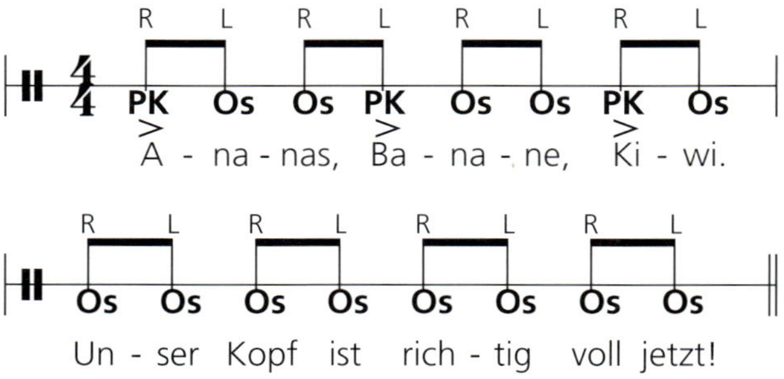

4. Kreisspiele

Die Kreisform ist einfach perfekt für den Rhythmusunterricht. Ob im Sitzen oder Stehen: Im Kreis können wir als Leiter mit der Gruppe am besten arbeiten, und die Mitspieler können so am besten miteinander spielen, üben und voneinander lernen. Im Kreis sieht jeder jeden, keiner hat eine herausgehobene Stellung; Platzwechsel zum Nachbarstuhl und durch den Kreis hindurch, auch Kontakte zu beiden Seiten sind nur in dieser Form möglich.

Als Lehrer wollen wir unseren Schülern Anreize bieten: neue Stücke mit neuen Sounds, lustigen, angemessenen Texten, mit überraschenden Bewegungsfolgen. Aber unsere rhythmus- und musikpädagogischen Fernziele gehen darüber hinaus, „nur" immer mehr Stücke im Gedächtnis zu behalten. Zugegeben: Das ist wichtig, denn damit vergrößern die Schüler ihr „Handwerkszeug" und erweitern so ihre Spieltechniken und den Fundus an klanglichen und rhythmischen Bausteinen.

Aber wir sollten die Schüler immer dazu ermuntern, improvisatorisch aktiver, mutiger, klarer zu werden und letztendlich auch eigene Stücke zu entwickeln. In vielen Stücken und Spielen finden Sie Anregungen, mit kleinen Patterns und Sequenzen zu improvisieren. Und gerade dafür bietet die Kreisform die besten Möglichkeiten: mit ihrem Überblick, ihren Präsentationsmöglichkeiten für jeden Einzelnen, mit der klaren Reihenfolge der Nebeneinander-Sitzenden.

Jamaica – Partner-Kreisspiel im Doppel-Stehkreis

21

Text und Musik: Ulrich Moritz
© Helbling

PK = mit einem Partner klatschen
Br = auf den Brustkorb patschen
K = klatschen
St = stampfen

Wir bilden einen Innen- und einen Außenkreis, die Partner stehen sich gegenüber.

Zunächst wird die erste Bodypercussion-Bewegungsfolge eingeübt (Takt 1 und 2); das Tempo darf nicht zu hoch sein, damit die Sechzehntel auf dem Brustkorb gut spielbar bleiben. Dann sprechen wir den Text dazu. Achtung: Jetzt führen wir eine Pause im Bewegungsablauf ein. Bei dem auftaktigen „Ja-" (Zählzeit 4+) blicken sich die Partner mit erhobenen Händen an, erst auf dem „-mai-" auf Zählzeit 1 wird geklatscht. Wir wiederholen die ersten beiden Takte als „Schleife" so oft wie es der Gruppe gefällt. Nach dem „go!" können wir einen Platzwechsel zum nächsten Partner machen, der schräg rechts gegenüber steht.

Dann folgt der zweite Teil (Takt 3 und 4): auch hier zuerst die Bewegung einüben und erst dann den Text dazu nehmen. „Stay!" (letzter Takt, Zählzeit 2) sollte bewusst eine Viertelnote lang ausgehalten werden, damit das Stampfen nicht zu früh kommt. Zu Beginn ist es eine Hilfe, die Schritte mitzusprechen: „Rechts – links – rechts." Der Partnerwechsel erfolgt jetzt auf diesen drei Schritten.

Varianten

- Wir stehen paarweise frei im Raum und suchen mit den drei Schritten im letzten Takt einen beliebigen neuen Partner.
- Wir spielen ohne Text, nur mit Bodypercussion.
- Wir werden immer schneller, bis die Bewegungen durcheinander geraten.

Voll Elan – Muntermacher-Kreisspiel im Stuhlkreis

22

Text und Musik: Richard Filz
© Helbling

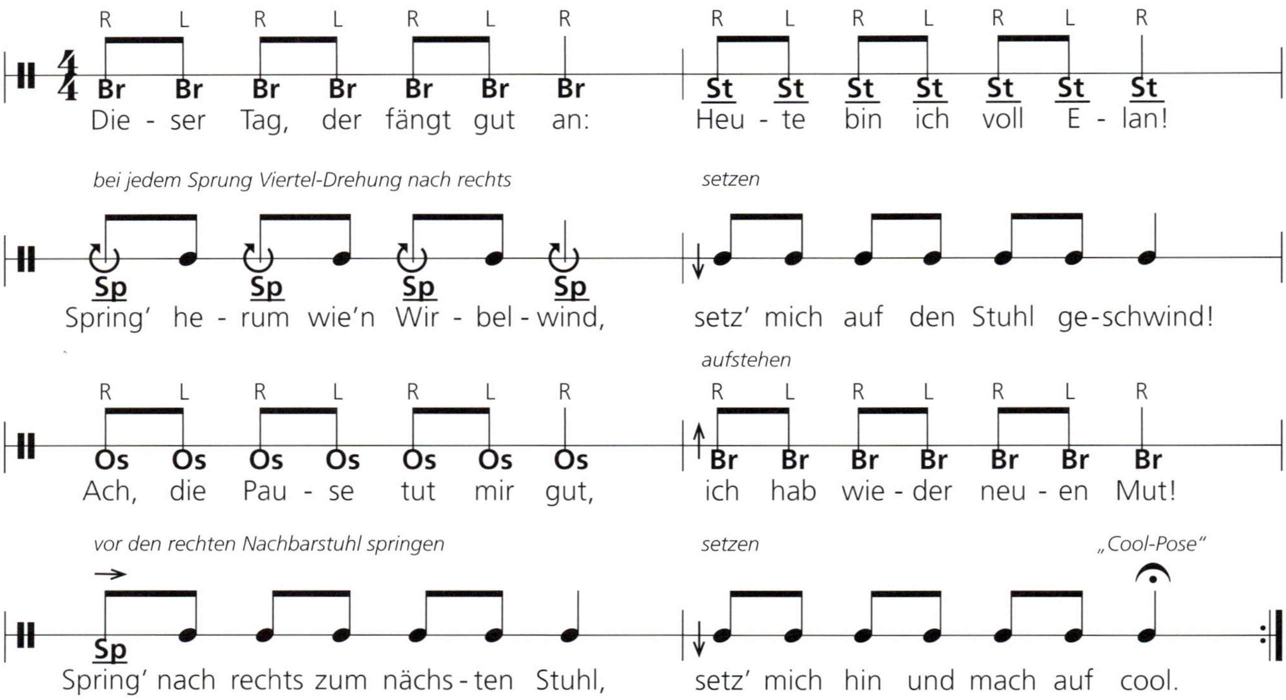

Br = **auf den Brustkorb patschen**
St = **stampfen**
Sp = **springen**
Os = **auf die Oberschenkel patschen**

Jeder Mitspieler steht zu Beginn vor seinem Stuhl mit dem Blick zur Kreismitte. Nach dem Stampfen und Hüpfen landen wir für eine kurze Erholungspause auf unserem eigenen Stuhl, um dann aber im letzten Takt auf dem rechten Nachbarstuhl Platz zu nehmen – vorausgesetzt, der Nachbar hat ihn wie geplant verlassen. Die „Cool-Pose" am Schluss (siehe Foto) wird für eine kurze Weile gehalten, dann beginnen wir das Stück von vorne.

Varianten

- Richtungswechsel beim Sprung im vorletzten Takt mit der Ansage „Spring' nach links zum nächsten Stuhl."
- Freier Stuhlwechsel: Der Text im vorletzten Takt kann auch geändert werden in „Such' mir einen neuen Stuhl." Dann nutzen alle die vier Beats, um einen neuen Stuhl zu suchen, auf den sie sich auf Zählzeit 1 des letzten Taktes setzen.
- Wir spielen ohne Text, nur mit Bodypercussion. Achtung: In den Takten 4 sowie 7 und 8 müssen die entstehenden Pausen nach der Aktion korrekt aushalten werden!

Blauer Fleck – Kreisspiel im 3/4-Takt

23

Text und Musik: Ulrich Moritz

Refrain

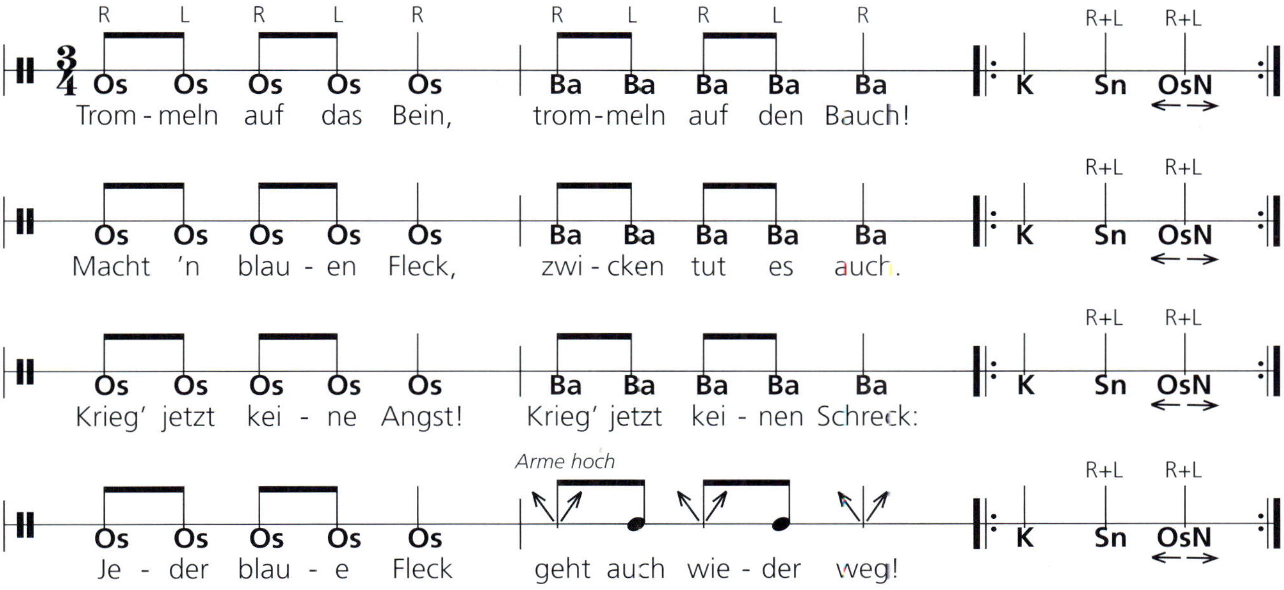

Thema 1 (4x spielen)

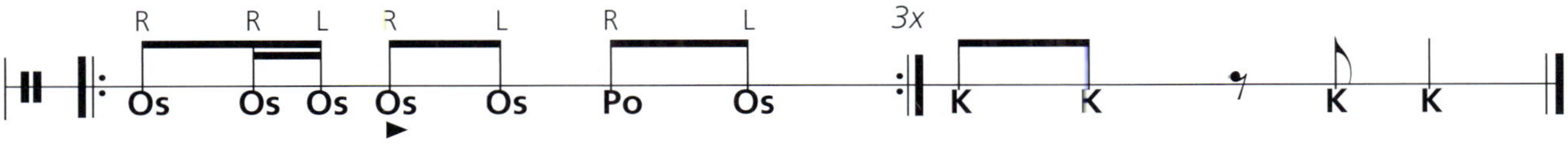

Thema 2 (4x spielen)

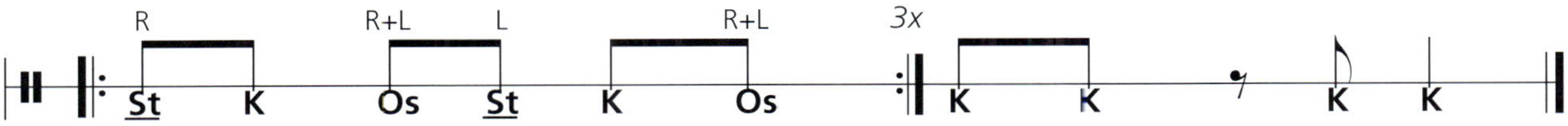

Thema 3 (4x spielen)

- **Os** = auf die Oberschenkel patschen
- **OsN** (→) = auf den Oberschenkel des rechten Nachbarn patschen
- **OsN** (←) = auf den Oberschenkel des linken Nachbarn patschen
- **Ba** = auf den Bauch patschen
- **K** = klatschen

- **Sn** = schnipsen
- **↖↗** = Arme nach oben strecken
- **Os** (►) = auf die Außenseite des rechten Oberschenkels patschen
- **Po** = auf das Gesäß patschen

-> Infos und Erarbeitungstipps siehe S. 60.

Auch in diesem Kapitel darf ein Bodypercussion-Stück im 3/4-Takt nicht fehlen. **„Blauer Fleck“** (siehe Notat S. 59) ist wegen der Patscher auf die Nachbar-Oberschenkel im Refrain für einen Sitzkreis gedacht. Spielen wir im Stehen, sollten wir im letzten Takt jeder Refrain-Zeile statt der Nachbar-Oberschenkel die Schultern des rechten Nachbarn mit der rechten Hand berühren. Wir laufen dabei den Dreier-Schritt (siehe „Schrittfolge“ S. 40).

Die Erarbeitung beginnen wir mit der Klatsch-Schnips-Patsch-Bewegung des dritten Refrain-Taktes und lassen sie eine Weile laufen. So kommen wir in das „Dreier-Beat-Gefühl“ und können der Gruppe mit Vorsprechen-Nachsprechen die Texte des Refrains beibringen. Wenn der Text sicher ist, legen wir die Patscher auf Oberschenkel und Bauch unter die Silben.

Varianten

- Statt der Themen können wir Improvisationen einbauen: ein- oder zweitaktige Vorspiel-Nachspiel-Aktionen; viertaktige Soli über K – Sn – OsN; Tutti-Improvisationen, bei denen wir die Rückkehr zum Refrain einzählen müssen.
- Mit einer richtig fitten Gruppe können wir als Höhepunkt auch alle drei Themen übereinander spielen (dreistimmig).

Dreiecke – Geschicklichkeitsspiel im 6/8 Takt

24

Text und Musik: Ulrich Moritz
©Helbling

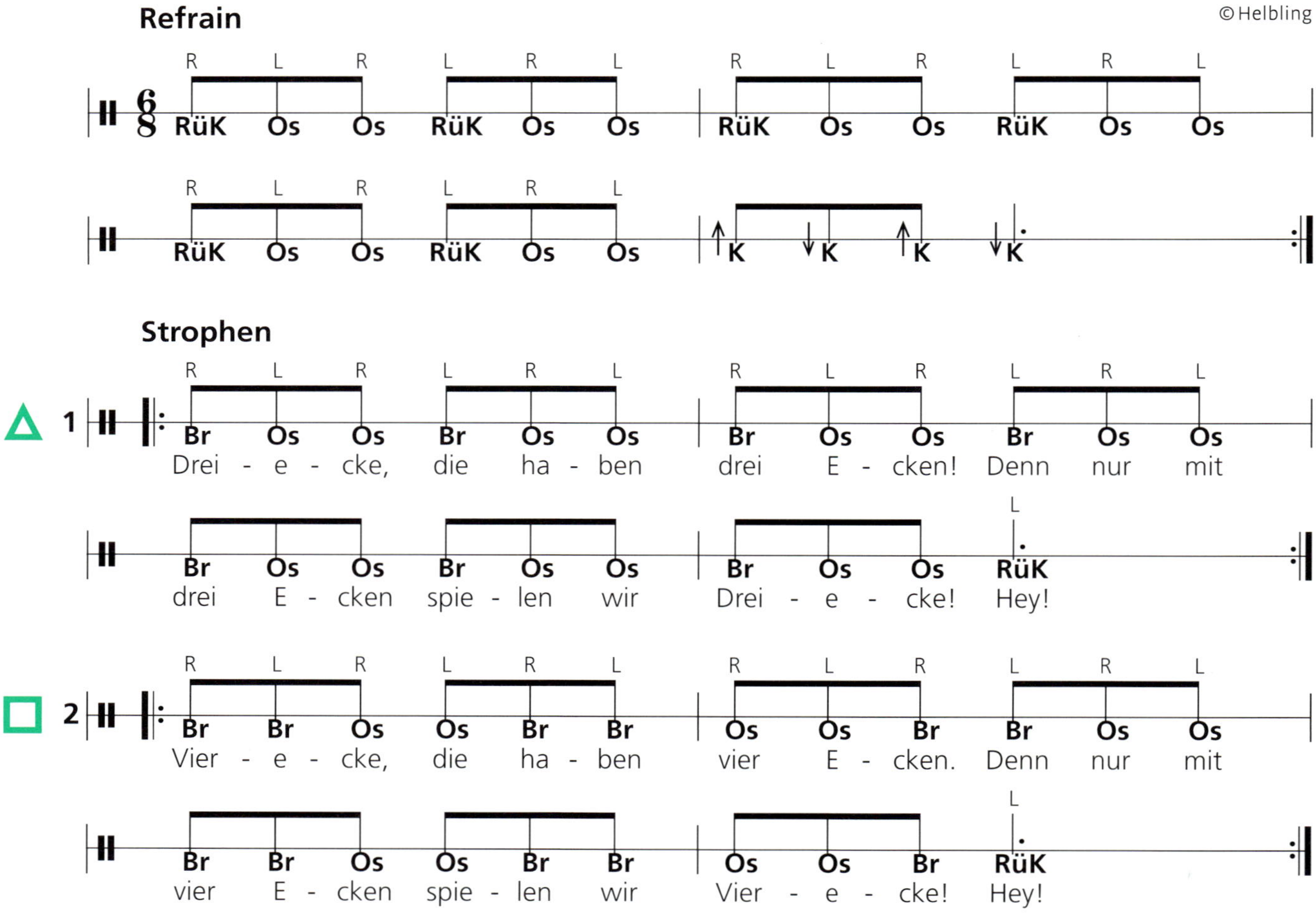

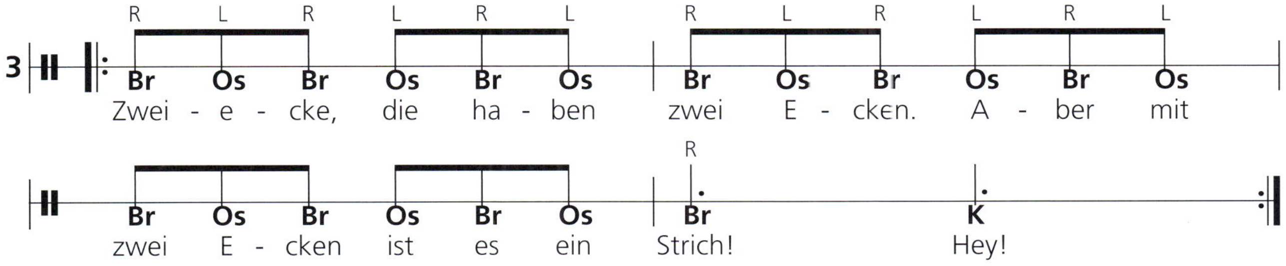

RüK = von oben auf den Handrücken klatschen (siehe Foto rechts)
Os = auf die Oberschenkel patschen
↑↓K = auf- und abwärts klatschen (siehe Fotos S. 13)
K = klatschen
Br = auf den Brustkorb patschen

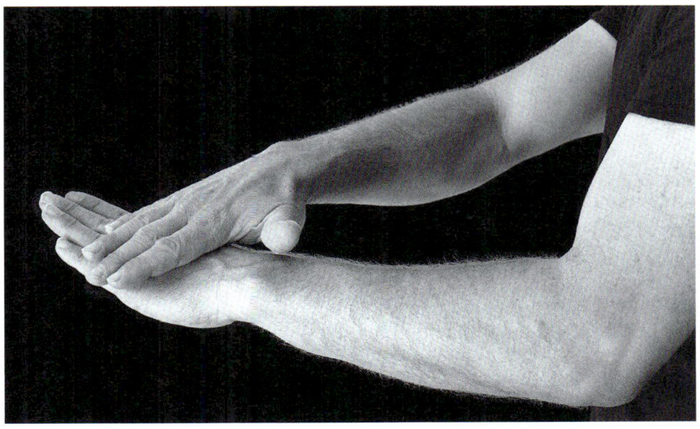

Rückhand-Klatscher (RüK)

Zur Erarbeitung von „Dreiecke“ beginnen wir mit dem ersten Takt des Refrains, spielen ihn eine Zeit lang und sagen dazu in Vor- und Nachsprech-Runden unterschiedlich rhythmisiert „Guten Tag!“ oder „Hallo, wie geht's?“. So gewöhnen wir uns an diesen Bewegungsablauf und an die ternäre Unterteilung der Beats. Die Gruppe spielt und lernt, ist kreativ und hat Spaß am Rhythmus.

Die Dreieck-, Viereck- und Zweieck-Strophen werden zum Einüben zunächst gesprochen, dann kommt die Bodypercussion dazu. Die Strophen sollten anfangs in der vorgegebenen Reihenfolge zwischen den Refrains gespielt werden, später kann die Reihenfolge auf Zuruf erfolgen. Wenn möglich, zeigen wir als Leiter die Beats (hier die punktierten Viertel) mit Fußwippen oder Nicken an.

Varianten

- Im Refrain patschen wir statt auf die eigenen Handrücken auf die Knie oder Schultern unserer Nachbarn.
- Über dem Refrain können Soli improvisiert werden.
- Wenn wir im Stehen spielen, laufen wir im Beat-Tempo.
- Die Strophen können auch mehrstimmig übereinander gespielt werden.

Autobahn – Spielstück im Sitzkreis

25

Text und Musik: Ulrich Moritz

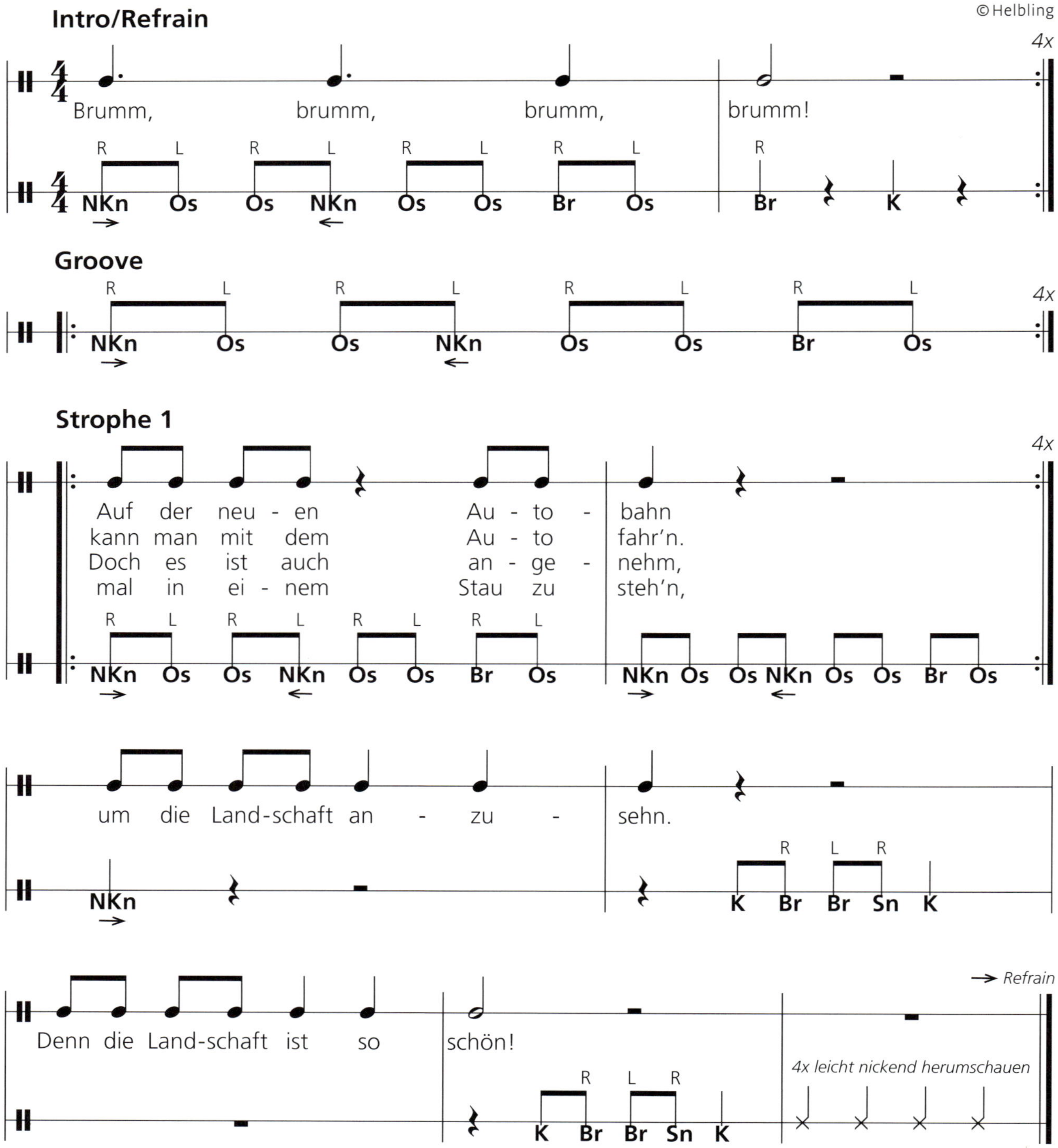

NKn (→) = auf das Knie des rechten Nachbarn patschen
NKn (←) = auf das Knie des linken Nachbarn patschen
Os = auf die Oberschenkel patschen

Br = auf den Brustkorb patschen
K = klatschen
Sn = schnipsen

Strophe 2

Ist der Stau dann – aufgelöst,
wird beim Fahren – noch gedöst.
Träume kommen – Träume geh'n.
Und man fährt mit – Zweihundertzehn.
Rumms, da bleibt das Auto steh'n.
Und es ist jetzt nicht mehr schön.

Für das spieltechnisch etwas schwierigere „Autobahn"-Stück muss sich die Gruppe mit dem „Universalrhythmus" (siehe S. 50/51) sicher fühlen. Hier spielen wir eine Version mit Akzenten auf den Knien beider Nachbarn und dem eigenen Brustkorb. Wenn Ihnen für Ihre Klasse das „Brumm" von Intro und Refrain zu kindisch scheint, lassen Sie es einfach weg.

Nehmen Sie sich genügend Zeit, um den Groove einzuführen, er ist die Grundlage des Bewegungsrhythmus der Strophen: Genießen Sie mit der Gruppe viele Spiel- und Improvisationsmöglichkeiten und flechten Sie allmählich die Texte mit ein.

Die zweite Strophe rhythmisieren wir wie die erste; nur die Silbe „Zwei-" bei „Zweihundertzehn" wird vorgezogen. Statt im letzten Takt viermal herumzugucken, schütteln wir viermal den Kopf. Danach spielen wir den Refrain mit immer schwächer werdendem Brummen und enden auf dem letzten ersterbenden, stotterndem „Brumm".

Bei einer Aufführung sitzt die Gruppe im Halbkreis. Das schnelle Fahren, das Stehen im Stau, das Umherschauen und den Unfall in der zweiten Strophe können wir gestisch/szenisch unterstützen.

Ein einfacher Ablauf sähe so aus:

- Intro – Strophe 1
- Refrain – Strophe 2
- Refrain als Schluss

Varianten

- Im Refrain drehen wir uns zum Nachbarn und spielen statt der Knie-Patscher auf den Zählzeiten 1 und 2+ Partnerklatscher; im zweiten Takt auf Zählzeit 3 spielen wir einen beidhändigen Partnerklatscher.
- Nach Intro, Strophe 1 und Refrain wird der Groove eingebaut, dazu werden Vokalgeräusche (Hupen, Bremsen, jaulende Motoren etc.) improvisiert. Auf Zeichen geht es weiter in den Refrain, danach folgt Strophe 2 und der Refrain als Abschluss.

5. Rhythmen und Fills

Wenn wir singen, begleiten wir den Gesang gerne mit Harmonie-Instrumenten, damit wir die richtigen Töne finden: mit einer Gitarre, einem Akkordeon, einem Klavier. Und wir spielen mit Rhythmusinstrumenten zu unseren Liedern, um solistisch freier und zusammen präziser singen zu können: z.B. mit Bongos, einer Cajon, einem Schellenring. Ein Rhythmusinstrument aber haben wir immer dabei: **Jetzt wird unser Körper zum Schlagzeug!**

In diesem Kapitel erhalten Sie Anregungen, wie Lieder und Texte mit Bodypercussion-Rhythmen begleitet werden können. Die Rhythmen stammen aus der Popmusik und werden dort vom Drumset gespielt. Es sind überwiegend einfache 4/4-Patterns, die den meisten Schülern durch das Hören ihrer Musik vertraut sind. Sie sind unterteilt in Rock-Rhythmen (S. 66) und Hip-Hop-Rhythmen (S. 67).

Die wichtigsten Instrumente des Drumsets in der Popmusik sind Bassdrum, Snaredrum und Hi-Hat. Wir imitieren diese Klänge in der Bodypercussion mit Brustkorb, Klatschen und Schnipsen. In allen Rhythmen dieses Kapitels liegen die Snaredrum-Klatscher ausnahmslos auf den Zählzeiten 2 und 4, den sogenannten Backbeats. Die Brustkorb-Bassdrum spielt bei den Rock-Rhythmen nur auf Achtel-Positionen (Beat und Offbeat). In den Hip-Hop-Rhythmen, die sich aus Funk- und Soul-Rhythmen entwickelt haben, tauchen dann auch Sechzehntel auf Bassdrum und Hi-Hat auf, die in Brustkorb-Patscher und Schnipser übersetzt werden.

Aber ein Drumset spielt in einem Popsong nicht nur den Groove, also das Basis-Rhythmuspattern. Es hat meist auch die Aufgabe, die Wechsel zwischen Formteilen (Intro, Strophe, Refrain, Bridge) zu verdeutlichen. Dazu dienen die sogenannten „Fills“ oder „Fill-Ins“; das sind kurze rhythmische Unterbrechungen des Grundrhythmus. Es ist wichtig, die Übergänge zwischen Rhythmuspatterns und Fills geduldig zu üben. Später können Solisten die Fills improvisatorisch in Rhythmen einfügen.

Tipps zur Erarbeitung

Für das Zusammenspiel ist es immer gut, wenn die ganze Klasse die Texte, Melodien und auch die Bodypercussion-Grooves eines Songs kennt und sie singen bzw. spielen kann. Danach ist aber eine Spezialisierung sinnvoll: Teilen Sie die Klasse in eine Vokal- und eine Groove-Gruppe ein; vielleicht gibt es auch noch eine Gitarre oder eine leise Band (ohne Drumset). Die Groove-Gruppe übt intensiv die Bodypercussion-Rhythmen und -Fills ein, die Vokal-Gruppe lernt die Texte und Melodien auswendig. Sehr fitten Schülern können Sie die Sonderaufgabe geben, Groove und Melodie/Text gleichzeitig einzuüben und vorzustellen.

Alle Rhythmen sind in zwei Versionen dargestellt: Die einfachere Version enthält nur Brustkorb- und Klatsch-Klänge. In der zweiten, schwierigeren Version verbinden wir diese Akzente mit Schnipsern – so, wie die Hi-Hat alle zwischen den Bass- und Snaredrum-Akzenten liegenden Achtel oder Sechzehntel bei den Drumset-Rhythmen „auffüllt".

Im Folgenden finden Sie einige methodische Tipps, wie das Erlernen der Rhythmen abwechslungsreich und im Spielfluss gestaltet werden kann:

> Wir **spielen und sprechen** einen Bodypercussion-Rhythmus über längere Zeit zu einer Musikbegleitung, z.B. zu einem Übungsloop (CD 01–04) oder einem Song (Tipps für passende Songs siehe S. 66 und S. 67).

> Auf Zeichen **sprechen oder spielen** wir nur.

> Auf Zeichen **stoppen und starten** wir den Bodypercussion-Rhythmus.

> Mit Fingerzeichen geben wir **einfache Breaks** an (siehe Fotos unten): ein Finger = ein Akzent (Klatsch oder Stampf) auf Zählzeit 1; zwei Finger = zwei auf Zählzeit 1 beginnende Achtel-Akzente; entsprechend mit mehreren Fingern. Auf Ansage kehren wir wieder in den Bodypercussion-Rhythmus zurück.

> Auch Schüler können **Spielleiter** sein.

> Nach dem Stopp wechseln wir auf Zeichen zu einem anderem Bodypercussion-Rhythmus.

> **Zwei Gruppen spielen abwechselnd den gleichen Rhythmus:** einen, zwei oder vier Takte lang.

> **Zwei oder vier Gruppen spielen abwechselnd verschiedene Bodypercussion-Rhythmen** (z.B. Rock 2 und Rock 6, siehe S. 66).

> Jeder Schüler spielt nacheinander einmal **solistisch** den Bodypercussion-Rhythmus.

> Minigruppen mit je vier Spielern (zwei Groover, zwei Sänger/Rapper) bekommen die Aufgabe, zu einem Bodypercussion-Rhythmus in ca. 15 Minuten ein kurzes **Rap-Gedicht und einen Fill zu erfinden** und vorzuspielen. Der Bodypercussion-Rhythmus ist für alle gleich (siehe „Song-Begleitungen gestalten", Aufgabe f, S. 71).

Breaks anzeigen

ein Akzent

zwei Achtel-Akzente

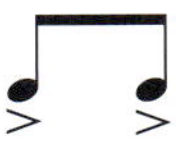

drei Achtel-Akzente

vier Achtel-Akzente

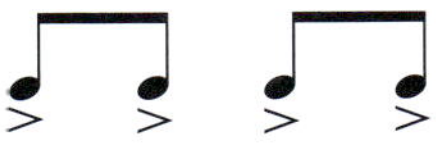

-> Weitere Signale und Zeichen siehe S. 86/87.

Die Rhythmen

Rock-Rhythmen

26/27

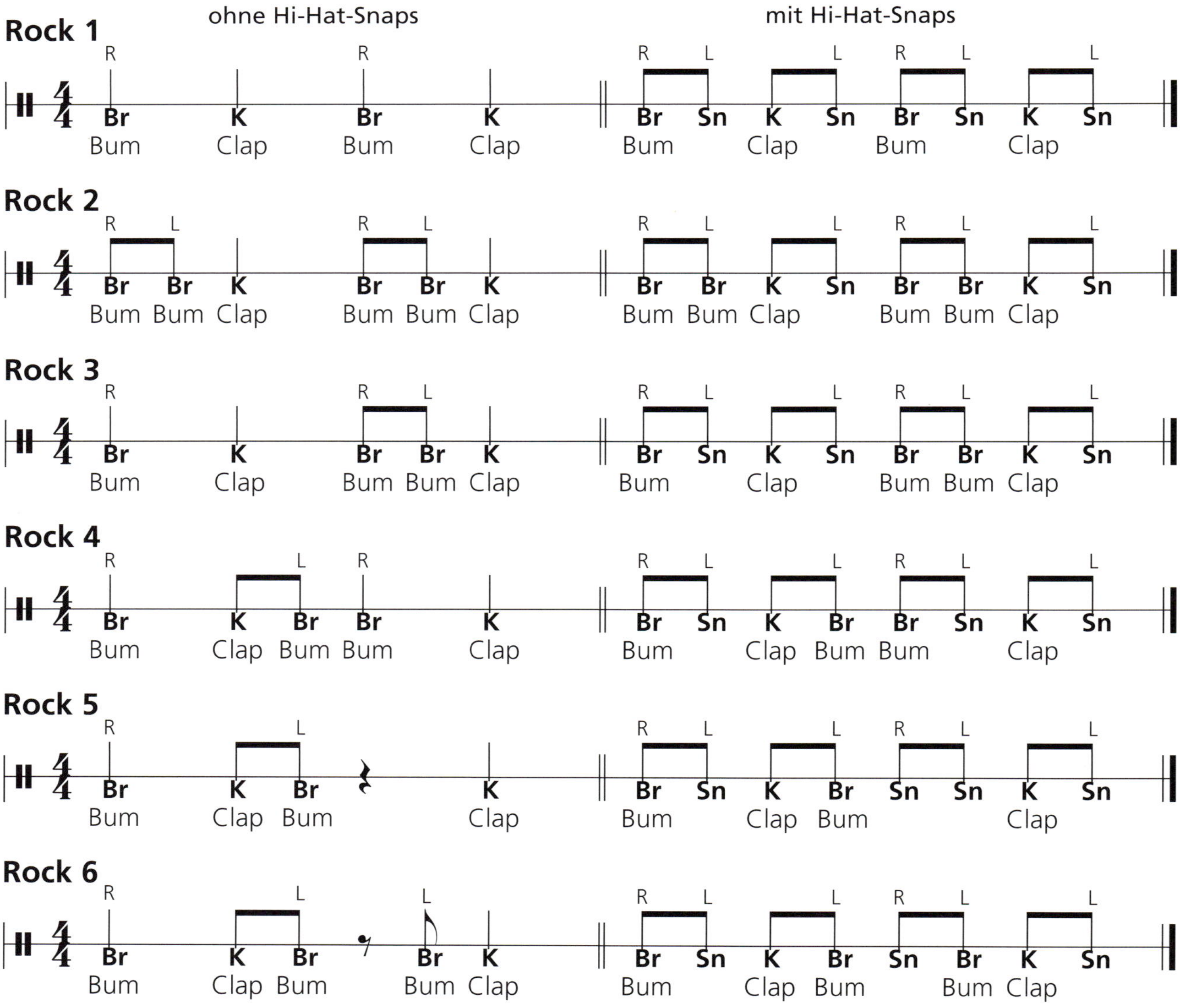

Br = auf den Brustkorb patschen (Bassdrum-Sound)
K = klatschen (Snaredrum-Sound)
Sn = schnipsen (Hi-Hat-Sound)

Die Rock-Rhythmen sehen Sie ohne Hi-Hat-Snaps im Video 26. Mit Schnipsern sind sie im Video 27 eingespielt.

TIPP: Die Rock-Rhythmen können auch zu folgenden Songs trainiert werden:

Smoke on the Water (Deep Purple), Billie Jean (Michael Jackson), The Dock of the Bay (Otis Redding), Hotel California (Eagles), Angels (Robbie Williams), Tears in Heaven (Eric Clapton), You Shook Me All Night Long (AC/DC), We Will Rock You (Queen), With or Without You (U2), Every Breath You Take (Police).

Hip-Hop-Rhythmen

28/29

Hip-Hop 1

ohne Hi-Hat-Snaps — mit Hi-Hat-Snaps

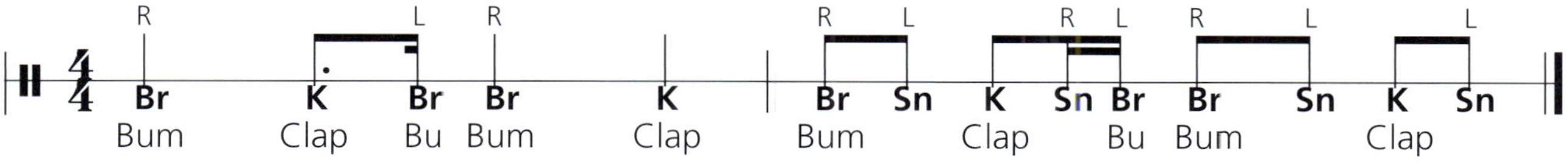

Hip-Hop 2

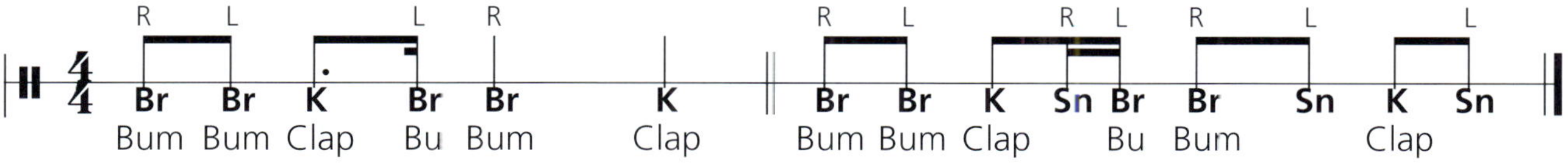

Hip-Hop 3

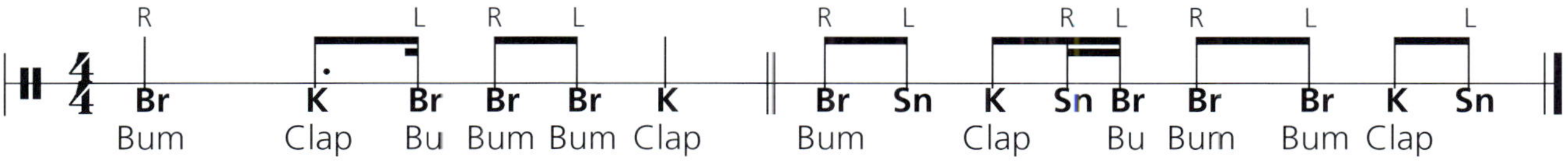

Hip-Hop 4

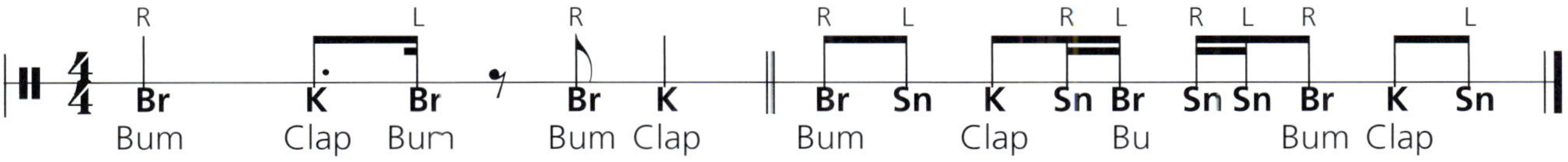

Varianten

- Eine besondere Variante ist das Aufteilen eines Bodypercussion-Rhythmus auf mehrere Gruppen. Jeweils eine Gruppe übernimmt die Parts von Bassdrum, Snaredrum und Hi-Hat.
- Da ein Drummer bei Rock-Rhythmen in der Regel auf der Hi-Hat durchgehende Achtelnoten spielt, könnte Rock-Rhythmus 4 für drei Sound-Gruppen auch so umgesetzt werden:

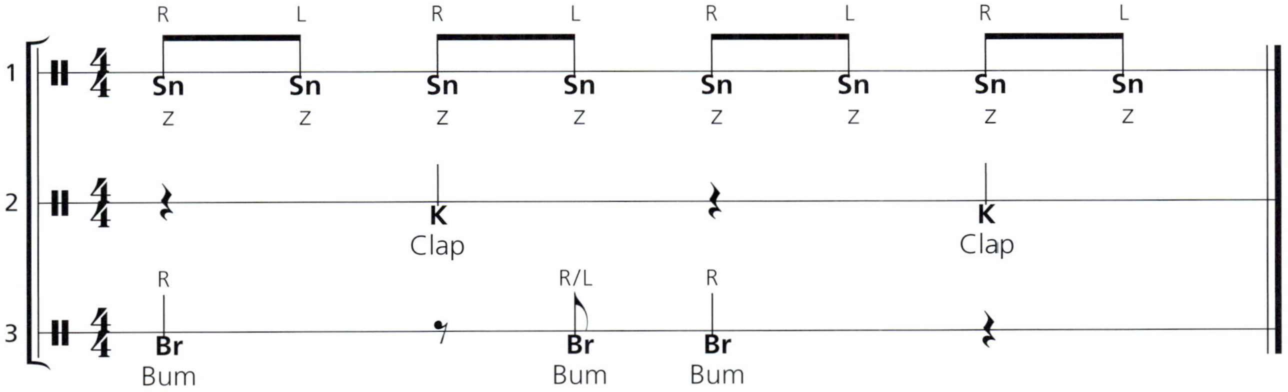

TIPP: Die Hip-Hop-Rhythmen können auch zu folgenden Songs trainiert werden:

Die Da!?! (Die Fantastischen Vier), Umbrella (Rihanna), U Remind Me (Usher), Killing Me Softly (Fugees), Where Is the Love (Black Eyed Peas), An Tagen wie diesen (Fettes Brot), My Name Is (Eminem), Jein (Fettes Brot), Stadtaffe (Peter Fox), Respect (Aretha Franklin), Girl On Fire (Alicia Keys), I Need a Dollar (Aloe Blacc), I Like (Keri Hilson).

Die Fills

Die wichtigste Aufgabe eines Schlagzeugers in populärer Musik ist es, die Rhythmuspatterns, die „Grooves", die ein Song braucht, gut zu spielen. Daneben muss er in der Lage sein, an den „richtigen" Stellen Fills (oder „Fill-Ins") zu platzieren. Im Fill verlässt der Schlagzeuger für kurze Zeit das konstante Pattern, setzt andere rhythmische Akzente und/oder Sounds als im Groove ein. Mit Fills markiert er vier- oder achttaktige Blöcke, Übergänge von einem Song-Teil in einen anderen und dynamische Wechsel. Meist führt ein Fill zur Eins des nächsten Taktes hin.

Es gibt Songs ohne Fills und Songs mit ganz unauffälligen, fast versteckten Fills; und einige Songs sind besonders wegen ihrer markanten Fills bekannt und beliebt (z.B. „In the Air Tonight" von Phil Collins). Manche Fills bestehen aus dem Hinzufügen eines einzigen Schlags, manche nehmen einen ganzen Takt voller Sechzehntel-Schläge ein, manche sind noch länger. Die Grenzen zwischen einem Fill und einem kurzen Schlagzeug-Solo sind fließend.

Hier finden Sie einige typische Rock-Fills, die aber auch für andere Stile anwendbar sind. Wie die zuvor erarbeiteten Rock- und Hip-Hop-Rhythmen stehen auch die Fills im 4/4-Takt. Ein Schlagzeuger wird seine Fills in der Regel improvisieren; spielt man Fills jedoch mit Gruppen, müssen sie festgelegt und einstudiert werden.

Ganztaktige Fills

30

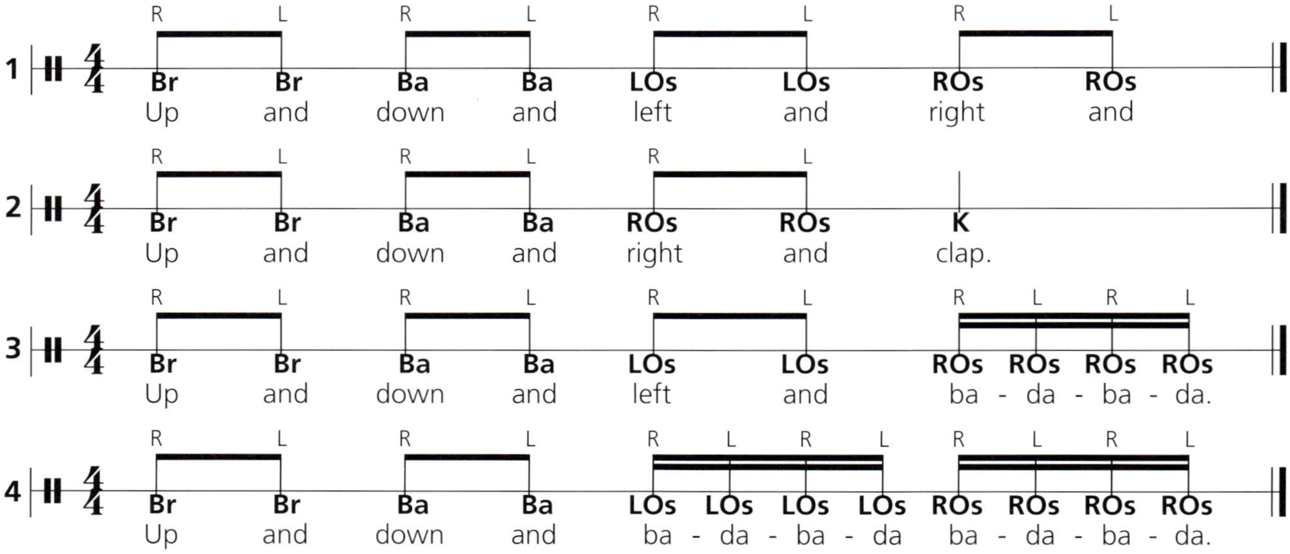

Br = auf den Brustkorb patschen
Ba = auf den Bauch patschen
LOs = auf den linken Oberschenkel patschen
ROs = auf den rechten Oberschenkel patschen
K = klatschen

Im Video (30) ist jedem Fill ein Takt Rock 1 mit Hi-Hat-Snaps (siehe S. 66) vorangestellt.

Kurze Fills

31

Oft dürfen Fills sich unter einer Melodie oder unter einem Rap-Text nicht „breit machen“, sondern sollen den Groove nur kurz unterbrechen. Die folgenden Fills dauern nur einen Beat lang und können mit jedem Rhythmus kombiniert werden. Dabei wird der laufende Rhythmus, im Notat durch Querstriche dargestellt, bis zum Beginn des Fills auf dem letzten Beat im Takt gespielt (im Video 31 ist das Rock 1 mit Hi-Hat-Snaps, siehe S. 66).

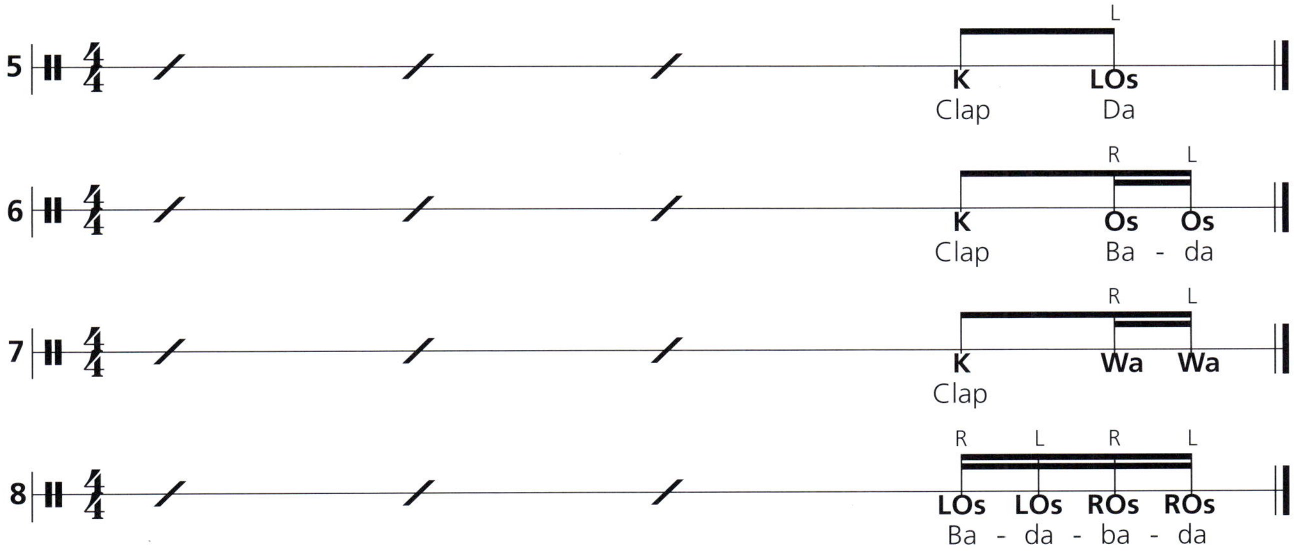

Im folgenden Beispiel ist Rock-Rhythmus 1 (vgl. S. 66) mit Fill 6 (siehe oben) kombiniert:

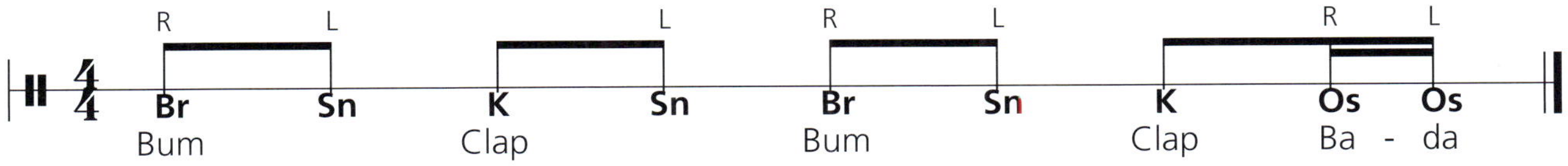

K = klatschen
LOs = auf den linken Oberschenkel patschen
ROs = auf den rechten Oberschenkel patschen
Wa = auf die Wange patschen
Os = auf die Oberschenkel patschen
Br = auf den Brustkorb patschen
Sn = schnipsen
K = klatschen

Song-Begleitungen gestalten

Aus der **Kombination verschiedener Rhythmen und Fills** können Sie mit Ihren Schülern kleine eigenständige Rhythmusstücke oder Begleitpatterns zu Songs gestalten. Die Fills werden dabei an musikalisch sinnvollen und prägnanten Stellen gespielt, z.B. zur Überleitung von der Strophe zum Refrain. Meistens geschieht das im vierten oder achten Takt eines Formteils. Bei ganztaktigen Fills wird der Rhythmus dann z.B. dreimal komplett gespielt, im vierten Takt folgt der Fill. Verwendet man einen kurzen Fill, läuft der Rhythmus bis in den vierten Takt hinein.

Spielmöglichkeiten

a. **Taktweiser Wechsel** zwischen einem vereinbarten Rhythmus und einem vereinbarten Fill: Wir spielen z.B. einen Takt lang Rock 2, dann einmal Fill 1, und wiederholen diesen Wechsel beliebig oft. Verbinden wir einen Rhythmus mit einem der kurzen Fills 5 bis 8, spielen wir den Rhythmus in den zweiten Takt hinein bis zum nahtlosen Einsatz des Fills.

b. **Freier Wechsel zwischen vorher vereinbartem Rhythmus und vorher vereinbartem Fill:** Wir spielen den Rhythmus beliebig lange, der Fill wird eingezählt. Sind die Noten der Fills sichtbar (Tafel, Flipchart, Beamer o.Ä.), können wir auch auf den Fill zeigen, der nach dem nächsten Einzähler gespielt werden soll.

c. **Feste Abläufe von Rhythmen und Fills,** die vorher vereinbart werden. Im folgenden Beispiel wird nach dreimal Rock-Takt 4 einmal Fill 3 gespielt:

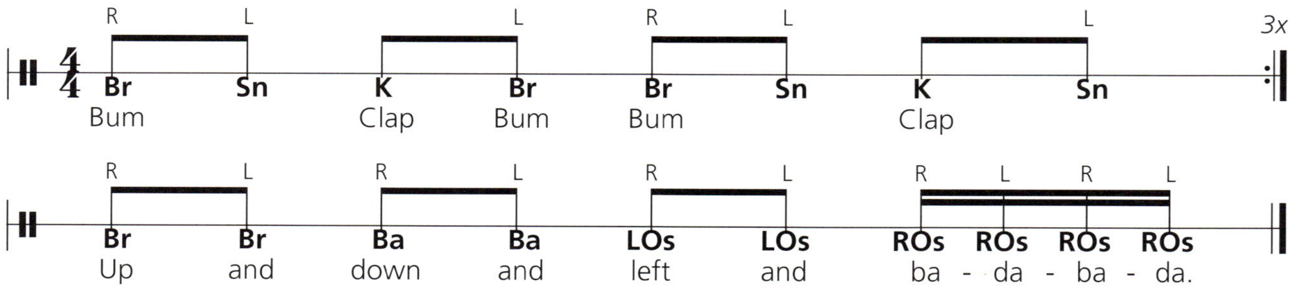

d. **Freie Wechsel von unterschiedlichen Rhythmen und Fills:** Notieren Sie mehrere Rhythmen und Fills an der Tafel. Auf Ihr Zeichen wird zwischen Rhythmen und Fills gewechselt. Vereinbaren Sie vorher mit den Schülern, dass Fills immer nur einen Takt lang gespielt werden, die Rhythmen aber bis zum nächsten Zeichen weiterlaufen.

Beispiel:

> Hip-Hop-Rhythmus 1 (beliebig wdh.)

> auf Zeichen 1 x Hip-Hop-Rhythmus 1 mit Fill 7

> Hip-Hop-Rhythmus 3 (beliebig wdh.)

> auf Zeichen 1 x Hip-Hop-Rhythmus 3 mit Fill 8

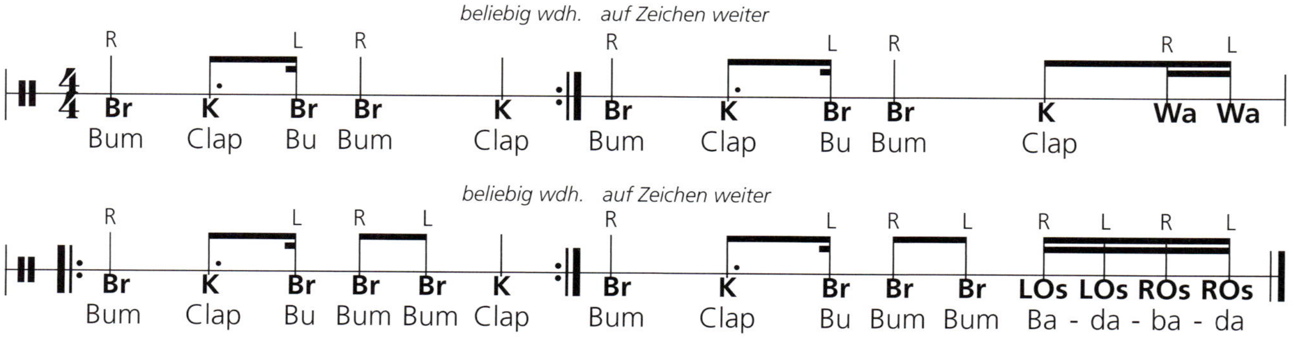

e. Fills improvisieren: Wählen Sie mit der Gruppe einen Rhythmus aus und legen Sie einen Ablauf fest (z.B. drei Takte Rhythmus, ein Takt Fill) – der Fill besteht jedoch diesmal aus der Improvisation eines Solisten, während die anderen pausieren. Bestimmen Sie entweder vorher die Reihenfolge der solierenden Schüler oder zeigen Sie während des laufenden Rhythmus auf einen Schüler, der dann als nächster den Fill improvisiert.

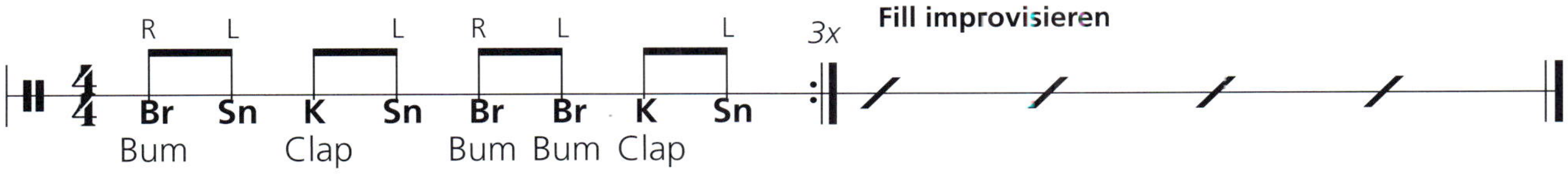

f. Rap-Texte mit Rhythmen kombinieren: Wählen Sie einen Begleitrhythmus aus und rhythmisieren Sie mit Ihrer Gruppe darüber eigene oder fremde Texte. Entwickeln Sie Abläufe aus Rhythmen und Fills und lassen Sie die Schüler auf diese Art und Weise kleine Rap-Songs komponieren – oder Lieder, falls Ihre Schüler gerne singen.

g. Hier finden Sie ein paar **Strophenbeispiele,** die Sie selbst zeilenweise vorsprechen können oder die von den Schülern selbständig rhythmisiert werden. Die Unterstriche zeigen die Silben an, die auf den Beats liegen können. Das ist aber nur eine von vielen Rhythmisierungsmöglichkeiten.

Einstein

Mein Kopf, der fühlt sich an wie 'n Stein.
Mir fällt heute gar nichts ein!
Wär' ich doch wie Ein-stein,
dann fiele mir was Schlaues ein!

Text: Richard Filz

Schokolade

Stück für Stück, welch ein Glück!
Wunderbare Schokolade.
Macht mich schön, macht mich dick!
Macht mich rund wie eine Made.

Text: Ulrich Moritz

Mit 'nem Reim

Hab' ich richtig Hunger,
zieh' ich mir 'nen Döner rein.
Bin ich richtig durstig,
muss es Apfelschorle sein.
Ist es kalt und dunkel,
gehe ich ins Haus hinein.
Muss ich etwas sagen,
tu ich's mit 'nem Reim.

Text: Ulrich Moritz

Rap-König

Keiner rappt so cool wie ich.
Ich bin der Reim- und Rap-König.
Ich rappe jeden schwindelig.
Manchmal sogar mich.

Text: Ulrich Moritz

6. Kanons

Ein zentrales Thema von „BodyGroove Kids 2“ ist die rhythmische Mehrstimmigkeit. Mehrstimmigkeit jeder Form scheint eine der Hauptmotivationen für Menschen in aller Welt zu sein, miteinander Musik zu machen: mehrstimmig zu singen, zu trommeln, im Orchester zu spielen. Im Musikunterricht ist das jedoch oft ein schwieriges Thema: Wie schaffe ich es, einer Schulklasse oder einer Trommel-AG nacheinander drei oder vier Rhythmen beizubringen, ohne dass der unbeschäftigte Rest der Gruppe sich langweilt, selbständig lostrommelt oder anfängt zu stören?

Ein möglicher Ansatz sind Kanons! Kanons machen gute Laune – sonst würden wir sie nicht so gerne bei Geburtstagen, Hochzeiten, Familienfeiern oder Jubiläen singen. Das Schöne (und für den Unterricht so Praktische) bei Kanons ist, dass alle zusammen die Form einstimmig erlernen und die raffinierte Mehrstimmigkeit erst durch die versetzten Einsätze entsteht.

Das ist der eine Reiz der Kanonform: Jeder hat gleichen Anteil an dem unerwartet schönen, komplexen Gesamteindruck, welcher nach und nach entsteht. Aber auch die Gefahr des Zusammenbruchs, des Scheiterns, das riskante Moment daran ist reizvoll: Bin ich sicher in meiner Stimme? Kann ich es wagen, den anderen Stimmen und dem Gesamtklang zu lauschen? Kann ich vielleicht jemanden „rausbringen“ – und „fliege“ ich bei diesem Versuch eventuell selbst raus?

Tipps zur Erarbeitung

Bewegungskanons, in unserem Fall Bodypercussion- und Sprechkanons, sind eine willkommene Chance, kleine Spielstücke in spannende Gruppenerlebnisse und musikalische Entdeckungen zu verwandeln. Das verführerisch Einfache an Bewegungskanons ist, dass sie theoretisch immer funktionieren: Wir brauchen auf harmonische Stimmigkeit keine Rücksicht zu nehmen. Schwierig ist, Bodypercussion-Kanons so zu planen, dass durch das Zusammenwirken der Stimmen eine neue musikalische Dimension entsteht: eine „Melodie“ aus Körperklängen, eine rhythmisch raffinierte Klatschfolge, eine Bewegungswelle, die durch die Gruppe geht.

Wieder unterstützen wir viele Bewegungen zunächst mit rhythmischen Texten. Denken Sie daran, diese Texte wieder wegzulassen, wenn die Bewegungsrhythmen vertraut geworden sind. Texte überdecken die Körperklänge und erschweren somit das Aufeinander-Hören.

Die Kanons in diesem Kapitel sind nach ihrem Schwierigkeitsgrad geordnet. Die ersten Kanons sind kurz, ein- und zweitaktig. Später werden die Formen länger. **Für die ersten Kanons gibt es zwei- und vierstimmige Spielmöglichkeiten, und bei den schwierigeren Kanons finden Sie Hinweise zur Reduktion auf eine zweistimmige Ausführung.**

Die rhythmischen Strukturen sind zu Beginn einfach: Die Betonungen liegen auf den Beats, die Bewegungsfolgen sind sehr überschaubar. Der Einsatz von Offbeats geschieht allmählich. Erst mit „Turn up the Bass“ (S. 80) und in „Was ist ein Kanon?“ (S. 81) kommt folgendes Motiv als sanftes Offbeat-Training vor:

Einstimmige Erarbeitungsphase

Alles Kanon-Üben beginnt einstimmig. Und vielleicht bleibt es auch für eine Weile dabei, weil selbst die Erarbeitung des kürzesten Kanons uns allen Spaß und Rhythmuserfahrung verschaffen kann.

Text und Bewegungen

- Wir stehen im Kreis. Durch Vorsprechen und Nachsprechen ist der **Sprechrhythmus** sehr bald allen klar.
- Auf das Sprechen des Textes setzen wir in einem zweiten Schritt die **Klanggesten.** Für das Begreifen der Bewegungsfolge müssen wir uns erfahrungsgemäß etwas mehr Zeit nehmen; das Tempo sollte zu Beginn gemächlich sein.
- Ob die **Füße** dazu Viertel-Beats stampfen können, hängt von den Vorerfahrungen der Gruppe und der beabsichtigten Wirkung ab.

Einstimmige Spielvarianten

Ist der Rhythmus sicher, können wir viele Spielvarianten, die wir von den Warm-ups und Kreisspielen kennen, auch in der einstimmigen Erarbeitungsphase anwenden:

- Wir spielen den Takt mehrere Male mit **Sprache und Bewegung (Bodypercussion).**
- Durch Handzeichen zeigen Sie an: Jetzt **nur sprechen!** Dann folgen wieder ein paar Durchgänge Sprache und Bewegung.
- Durch Handzeichen machen Sie deutlich: Jetzt **nur Bewegung!** Anschließend spielen wir wieder ein paar Durchgänge Sprache und Bewegung.
- **„Gruppen-Solo“:** Durch Handzeichen lassen Sie ein Viertel der Gruppe viermal weiterspielen, der Rest der Gruppe macht Pause und hört zu. Dann spielen wieder alle. Dieser Vorgang wird mit jedem Gruppen-Viertel wiederholt.
- **Einzel-Solo:** Durch Handzeichen lassen Sie einzelne fitte Mitspiele viermal allein spielen, dann setzt die Gesamtgruppe wieder ein. Dies beliebig oft wiederholen.
- **Schluss:** Auf Ihr Zeichen wird das Mitsprechen beendet; die Bewegungen laufen weiter und werden immer leiser, bis wir mit lautlosen kleinen Bewegungen enden.

Aufstellungsmöglichkeiten

Bei den Kanons ist für den Unterricht generell wieder die **Kreisform** zu empfehlen. Die Spieler einer Stimme sitzen nebeneinander, dennoch sieht und hört jeder die anderen Stimmen deutlich. Als Leiter stehen wir in der Mitte und können uns schnell in eine unsichere Gruppe einreihen, um sie zu unterstützen. Ist eine Kreisform nicht möglich, können wir auch in Stuhlreihen hinter den Tischen bleiben, wenn genügend Hand- und Beinfreiheit gegeben ist.

Eine Stimme sollte so viele Mitspieler umfassen wie erforderlich, damit die Gruppe stabil musizieren kann. Lassen Sie alle vierstimmigen Kanons **zuerst zweistimmig** spielen; Sie werden dann einschätzen können, ob auch die Drei- oder Vierstimmigkeit gelingen könnte. Auch später sollten mindestens drei Mitspieler in einer Stimme spielen. Je mehr Mitspieler, desto sicherer ist die Gruppe.

Kanon-Aufstellung für Einsteiger

So sieht die „klassische", auf Sicherheit ausgerichtete Kreisform aus (hier als vierstimmiger Kanon mit 12 Mitspielern dargestellt): **Alle Spieler einer Stimme sitzen nebeneinander.**

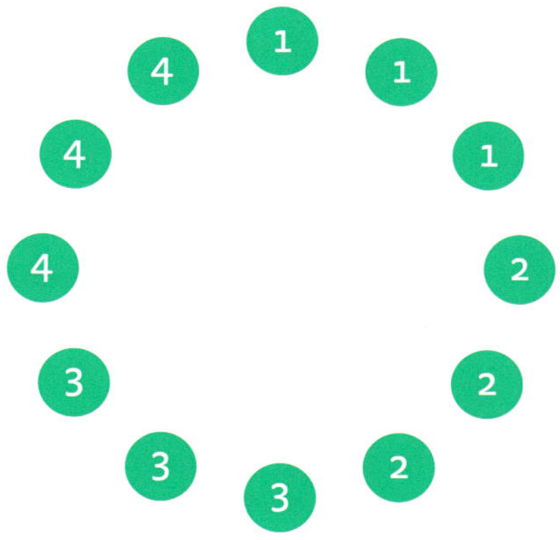

Kanon-Aufstellung für Fortgeschrittene

Wenn sich die Gruppe mit einem Kanon richtig sicher fühlt, kann diese Aufstellung probiert werden. **Hier spielen die Spieler der verschiedenen Stimmen nebeneinander**, während die Spieler der eigenen Gruppe gegenüber und rechts und links verteilt sitzen oder stehen.

Besonders effektvoll ist diese Aufstellung bei einem Auftritt, dann natürlich in Halbkreisform oder in gerader Linie. Bei einer ungeraden Anzahl von Mitspielern endet die Reihe mit der zweiten oder dritten Stimme – kein Problem.

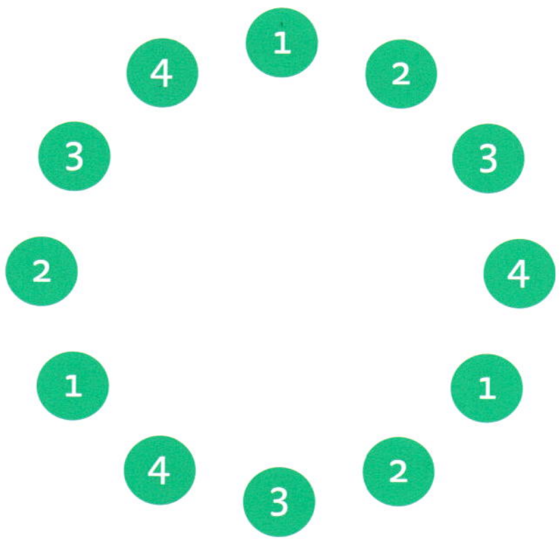

Gestaltungsmöglichkeiten der Mehrstimmigkeit

Je nach den Fähigkeiten Ihrer Gruppe und der Unterrichtssituation (Musikstunde, Probe, Aufführung) kann der Ablauf eines Kanons unterschiedlich gestaltet werden. Das folgende Modell zeigt nur einen von vielen Ablaufmöglichkeiten für einen vierstimmigen Kanon.

Aufbau der Mehrstimmigkeit

Wir stehen im Kreis und stampfen den Beat (Zweier-Schritt R L R L). Die Gruppe bleibt die ganze Zeit lang im Beat, **das Kanon-Motiv bleibt immer erhalten.**

- Wir spielen den Kanon **einstimmig** einige Male mit **Sprache plus Bewegung.**
- **Zweistimmiger Kanon:** Teilen Sie die Gruppe durch Zeichen in zwei Hälften; eine Hälfte spielt weiter (erste Stimme), die andere setzt nach kurzer Pause in der Mitte des Patterns ein. Das wird bald die dritte Stimme sein. Auf Zeichen setzt eine Gruppe für ein paar Takte aus, dann wieder ein.
- **Dreistimmiger Kanon:** Ist die Zweistimmigkeit sicher, teilen Sie die erste Stimme: Eine Hälfte spielt weiter, die andere setzt nach kurzer Zeit an der Position der zweiten Stimme ein.
- **Vierstimmiger Kanon:** Ist die Dreistimmigkeit sicher, teilen Sie die dritte Stimme: Eine Hälfte spielt weiter, die andere setzt nach kurzer Zeit an der Position der vierten Stimme ein. Wir spielen und sprechen den Kanon einige Male.

Zuvor vereinbaren Sie bestimmte Zeichen mit den Schülern: Weiterspielen = die Hände kreisen umeinander; Stopp = Arme kreuzen; Vokalstimme weg = Finger vor dem Mund; Bewegung weg = Hände hinter den Rücken (siehe Fotos S. 86/87).

Mehrstimmige Spielvarianten

- Der Kanon wird mehrstimmig aufgebaut und einige Male mit **Sprache und Bewegung** gespielt.
- Auf Zeichen endet das Sprechen, die Bewegungen laufen weiter **(nur Bodypercussion).**
- Auf Zeichen enden die Bewegungen, die Texte setzen wieder ein **(nur sprechen).** Auf Zeichen kommen die Bewegungen wieder hinzu.
- **Stimmen aus- und einblenden:** Auf Zeichen kann eine Stimme aufhören und wieder einsetzen. Das können wir mit jeder Stimme wiederholen.
- **Schluss:** Auf Zeichen gehen die Stimmen nacheinander am Ende ihrer Kanonform in ein „Freeze“ (Bewegung einfrieren).

Die Kanons auf der DVD

Auf den Video-Aufnahmen sehen Sie die Kanons meist in einstimmigen Versionen. So sind die Texte und besonders die Bewegungsfolgen besser zu verstehen bzw. zu sehen. Als vierstimmige Kanons werden „Alles klar?“ (🎬 32) und „Was ist ein Kanon?“ (🎬 39) in den Videos vorgestellt, und zwar in kurzer überschaubarer Form.

- Die vier Spieler sprechen einmal einstimmig die Form, dann sprechen sie dieselbe noch einmal mit Bodypercussion, ebenfalls einstimmig.
- Nacheinander beginnen sie den Kanon mit Sprache und Bewegung.
- Auf Zeichen wird die Sprache weglassen, damit die Körperklänge deutlicher zu hören sind.
- Im letzten Durchgang fügt der erste Spieler einmal den Text zur Bewegung hinzu und endet im Freeze. Die anderen folgen ihm, einer nach dem anderen hört auf.

-> **Zur Angabe der Signale und Zeichen siehe die Fotos in Kapitel 7, S. 86/87.**

Die Spielstücke

Alles klar? – Kanon

32

Text und Musik: Richard Filz

Version 1

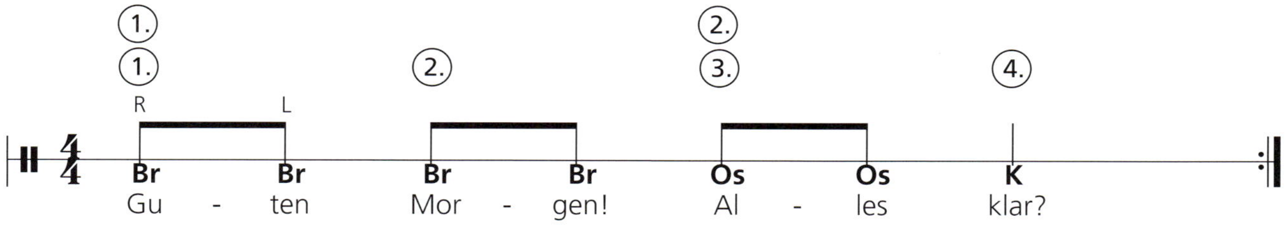

Version 2

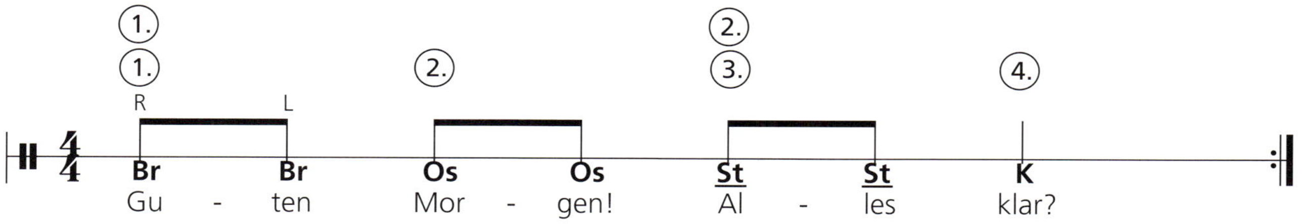

Wir sitzen oder stehen im Kreis. Für die Zweistimmigkeit gelten die Kanoneinsätze der oberen Zeile: Die zweite Stimme setzt auf Zählzeit 3 ein. Für die Vierstimmigkeit zeigen die unteren Zahlen, dass der Einsatz um ein Viertel versetzt erfolgt. Tipps zum Aufbau der Mehrstimmigkeit finden Sie auf S. 75.

Version 1 ist die einfachere Variante. Wir können ausprobieren, ob die Gruppe dabei den Beat stampfen kann. Der Bewegungsablauf der zweiten Version mit den Stampfern auf Zählzeit 3 ist für viele Mitspieler ungewohnt. Aber gerade das Stampfen gibt uns viel Schwung und Kraft. Und wenn die Gruppe richtig fit ist, können wir es riskieren, uns mit den zwei Schritten vom Platz zu entfernen und – sogar im Kanon – durcheinander zu laufen.

Br = **auf den Brustkorb patschen**
Os = **auf die Oberschenkel patschen**
K = **klatschen**
St = **stampfen**
Ba = **auf den Bauch patschen**
LOs = **auf den linken Oberschenkel patschen**
ROs = **auf den rechten Oberschenkel patschen**
Sn = **schnipsen**
Hr = **die Handflächen gegeneinander reiben**

Varianten

> Textvariante für andere Tageszeiten:
„Was geht ab hier? Alles klar?"

> Oder für andere Anlässe:
„Seid willkommen! Alles klar?"

Just for Fun – Kanon im Sitzkreis

33

Text und Musik: Richard Filz

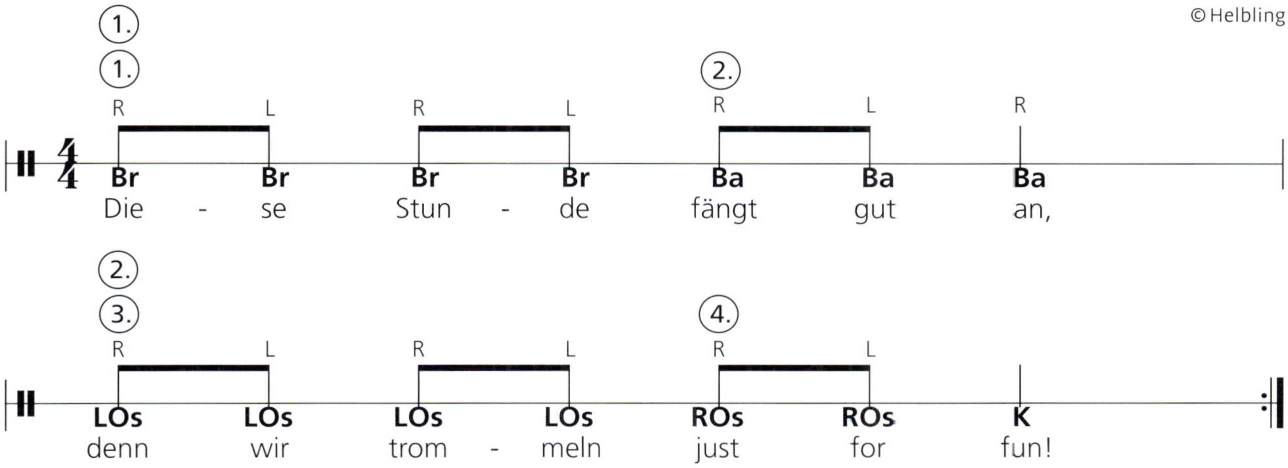

Dieser zweitaktige Kanon wird im Sitzkreis gespielt. Spielen wir ihn zweistimmig, setzt die zweite Gruppe auf Zählzeit 1 im zweiten Takt ein. Als Ende können wir die Gruppen durch Zeichen nacheinander stoppen. Oder – ebenfalls auf Zeichen – dürfen die Gruppen nacheinander „just for fun“ wild drauflos trommeln (Gruppenimprovisation), bis wir mit einem gemeinsamen Klatscher enden.

Variante

- Der Text kann entsprechend den Anlässen angepasst werden: „Diese Einheit fängt gut an…“ oder „Dieser Tag, der fängt gut an…“

Cool Down – Kanon

34

Text und Musik: Richard Filz

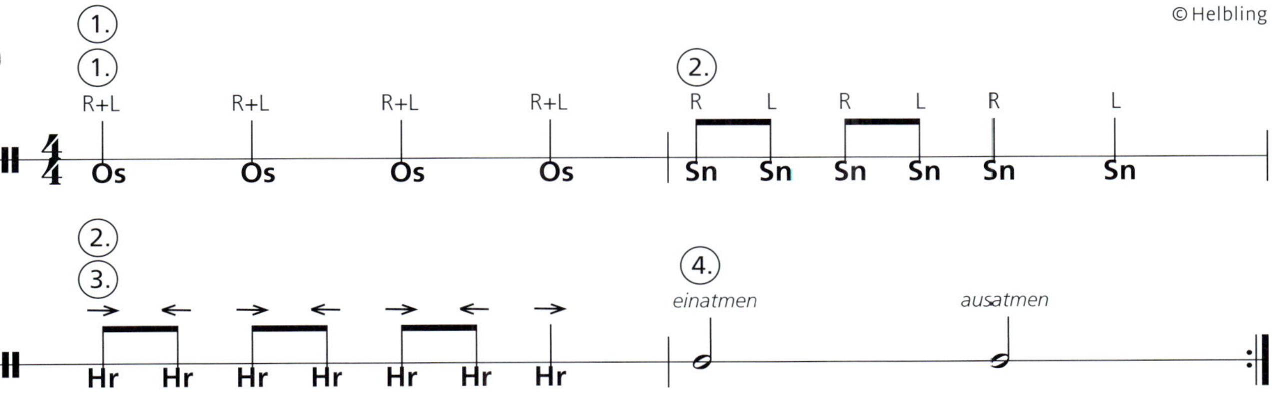

Bei diesem Kanon unterstützt uns kein Merktext, weil er sehr leise gespielt werden soll. Zudem sind die rhythmischen Motive sehr einfach. Wir patschen leise, fast schon mit den Fingerspitzen, auf die Oberschenkel. Das Ein- und Ausatmen im letzten Takt soll hörbar sein. Das gemeinsame Atmen könnte auch den Anfang und Schluss des „Cool-Down“-Kanons gestalten.

Guter Vorsatz – Kanon

35

Text und Musik: Richard Filz

Version 1

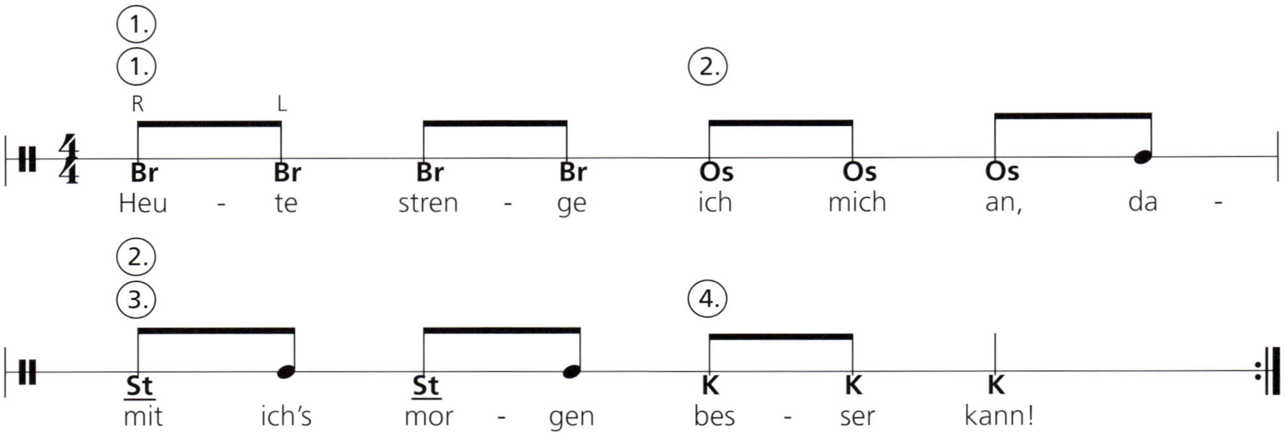

Version 2

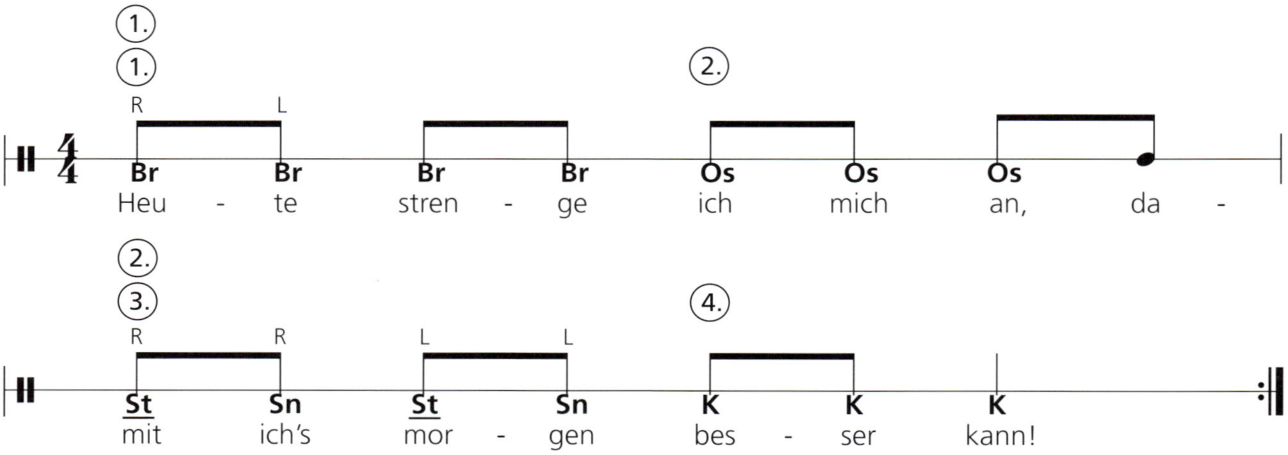

Br = **auf den Brustkorb patschen**
Os = **auf die Oberschenkel patschen**
K = **klatschen**
St = **stampfen**
Sn = **schnipsen**

Dieser Kanon ist sowohl im Sitzen als auch Stehen gut zu spielen. Für Version 2 muss die Gruppe sicher den Offbeat beherrschen, um die Schnipser im zweiten Takt lustvoll und korrekt platzieren zu können. Ideen für mehrstimmige Spielvarianten finden Sie auf S. 75. Auf der DVD ist Version 1 zu sehen.

Wetter-Kanon – Kanon im Stehkreis

36

Text und Musik: Ulrich Moritz

Version 1

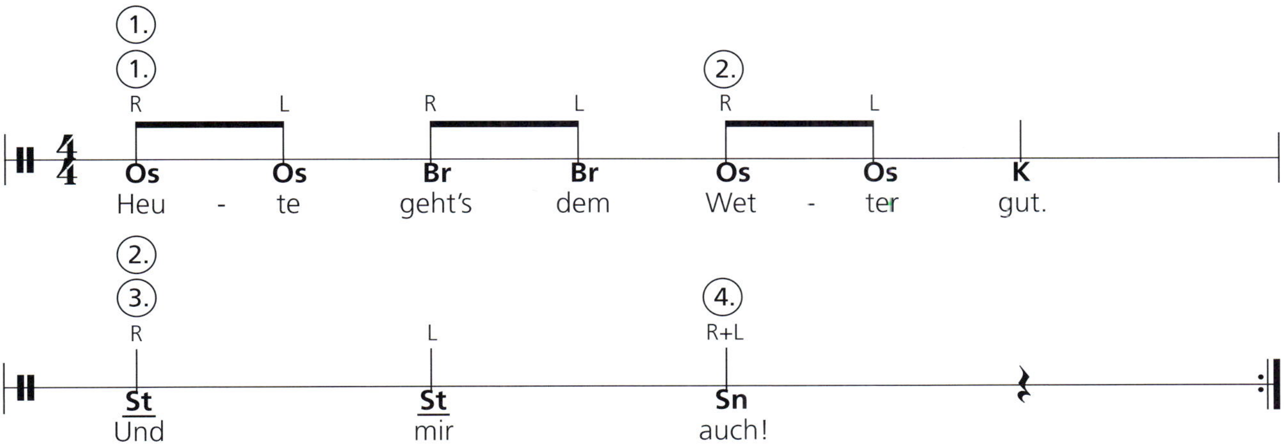

Version 2

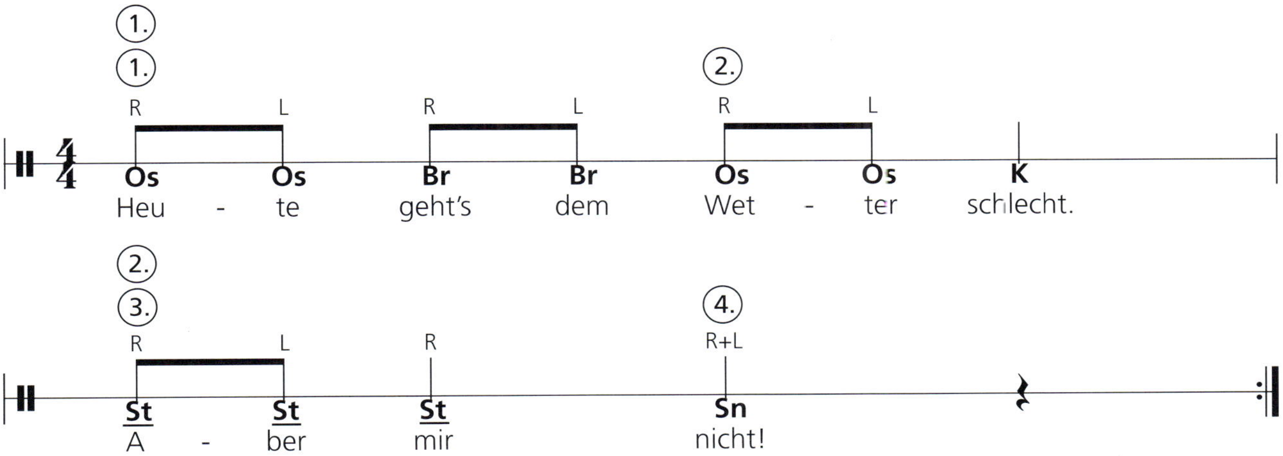

Os = **auf die Oberschenkel patschen**
Br = **auf den Brustkorb patschen**
K = **klatschen**
St = **stampfen**
Sn = **schnipsen**

Bei diesem vierstimmigen Kanon haben beide Kreisaufstellungen (vgl. S. 74) eine schöne Wirkung: Stehen die Spieler einer Stimme nebeneinander, haben das Stampfen und das Hochrecken der Arme beim Schnipsen eine starke, schwungvolle Ausstrahlung. Stehen die verschiedenen Stimmen direkt nebeneinander, geht eine eindrucksvolle Welle durch den Kreis.

Mit einer erfahrenen Gruppe können wir ein spannendes Raum- und Hörexperiment machen: Zu Beginn stehen wir im Kreis, alle Spieler einer Stimme nebeneinander. Läuft der Kanon eine Weile, entfernen sich die Spieler mit den Schritten im zweiten Takt von ihrem Platz und durchqueren nach Belieben den Kreis. Auf Anweisung sollen sie dann allmählich wieder ihren Ausgangspunkt auf der Kreisbahn erreichen. Der Schluss geschieht auf Zeichen: Jeder endet nach „gefühlten“ drei bis vier Minuten, bleibt aber im Freeze mit erhobenen Schnips-Händen stehen, bis der Letzte angekommen ist.

Rhythm Is in the Air – Kanon

37

Text und Musik: Richard Filz

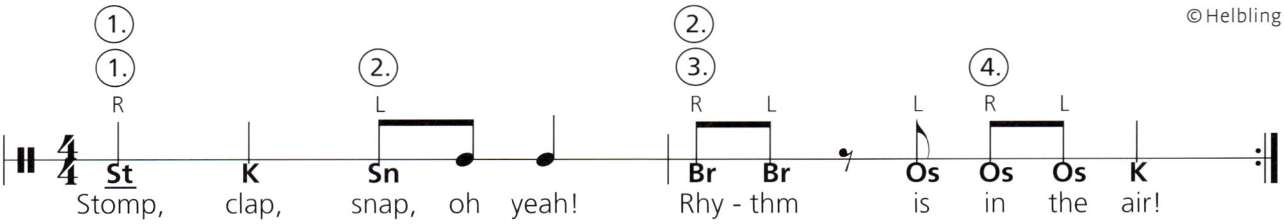

St = stampfen
K = klatschen
Sn = schnipsen
Br = auf den Brustkorb patschen
Os = auf die Oberschenkel patschen

Lassen Sie auch bei diesem Kanon mal den Text weg! Das ist besonders schwierig bei der Pause, die durch den Wegfall von „oh yeah!" entsteht. Umgekehrt ist es aber auch spannend und eine reizvolle Koordinationsaufgabe, nur dieses „oh yeah!" noch zu sprechen und alles andere als reine Bodypercussion zu spielen!

Turn up the Bass – Kanon

38

Text und Musik: Richard Filz

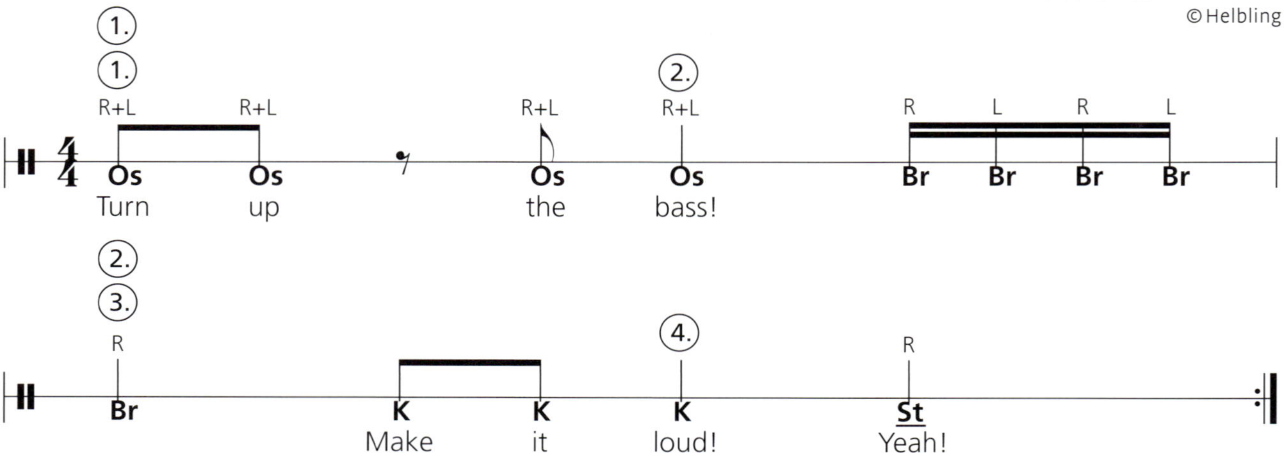

Os = auf die Oberschenkel patschen
Br = auf den Brustkorb patschen
K = klatschen
St = stampfen

Bei „Turn up the Bass" kommt es natürlich darauf an, einen schönen „fetten" Bass-Sound auf dem Brustkorb hinzubekommen: mit den ganzen Händen und auch mit dem Handteller, annähernd mittig auf dem Brustkorb.

Was ist ein Kanon? – Kanon im Sitzkreis

39

Text und Musik: Ulrich Moritz

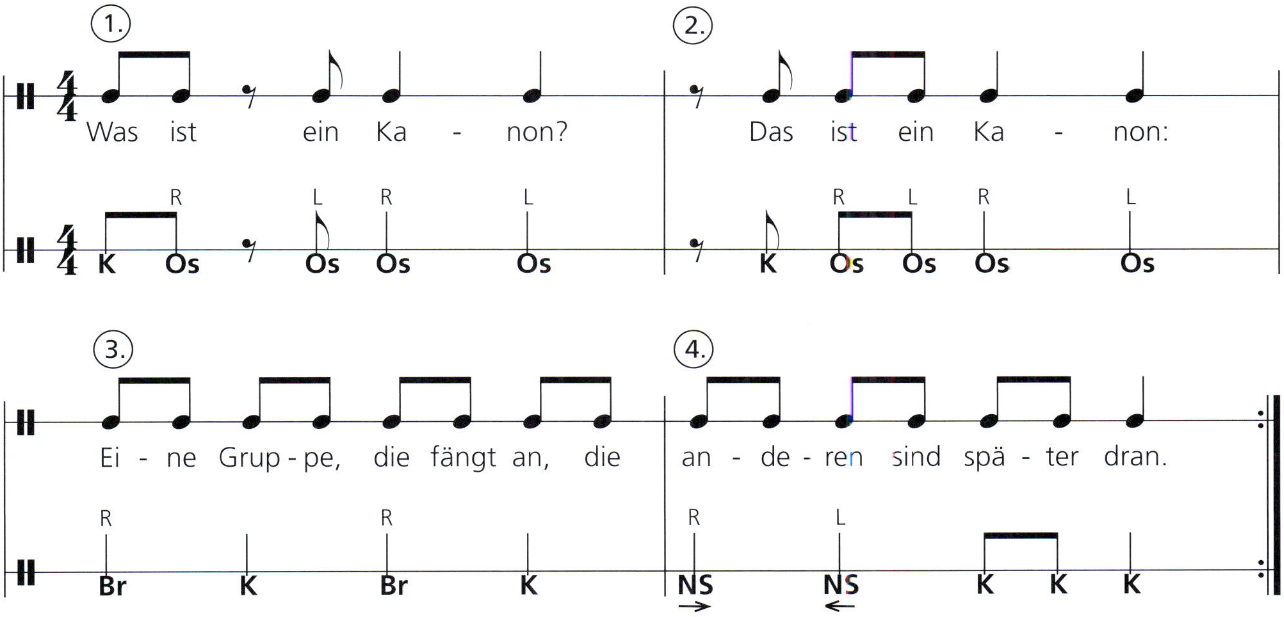

K = klatschen
Br = auf den Brustkorb patschen
Os = auf die Oberschenkel patschen
NS→ = auf die Schulter des rechten Nachbarn tippen
NS← = auf die Schulter des linken Nachbarn tippen

Seine beste Wirkung entfaltet dieser Kanon in der vierstimmigen Form. In einer zweistimmigen Version fängt die zweite Stimme ebenfalls im zweiten Takt an. Im vierten Takt wird zuerst die Schulter des rechten Nachbarn, dann die des linken Nachbarn angetippt. Lassen Sie den Text weg, wenn die Bewegungsfolge klappt. Wegen der Patscher auf die Nachbarschultern ist die Sitzordnung besonders zu empfehlen, in der die Stimmen gemischt sind (vgl. „Kanon-Aufstellung für Fortgeschrittene“, S. 74).

Mückenstich – Kanon im Sitzkreis, 3/4-Takt

40

Text und Musik: Ulrich Moritz
© Helbling

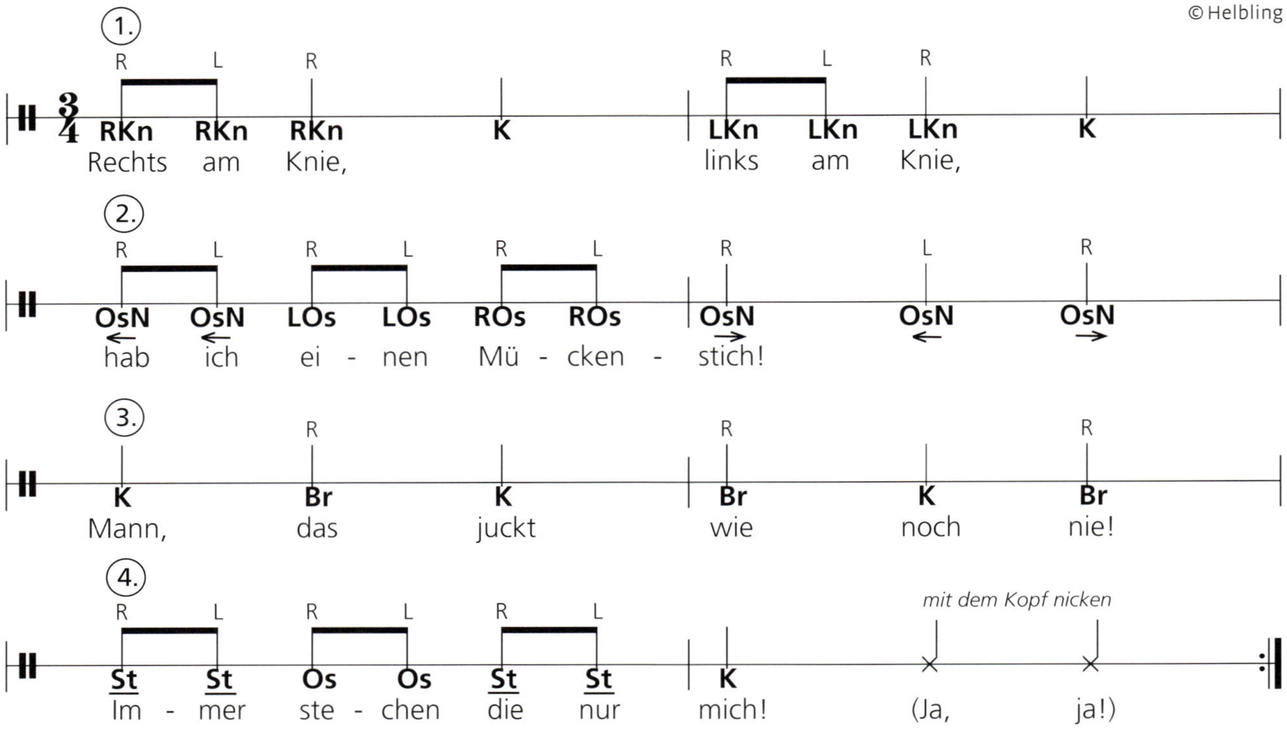

- **RKn = auf das rechte Knie patschen**
- **LKn = auf das linke Knie patschen**
- **K = klatschen**
- **OsN (→) = auf den Oberschenkel des rechten Nachbarn patschen**
- **OsN (←) = auf den Oberschenkel des linken Nachbarn patschen**
- **LOs = auf den linken Oberschenkel patschen**
- **ROs = auf den rechten Oberschenkel patschen**
- **Os = auf die Oberschenkel patschen**
- **Br = auf den Brustkorb patschen**
- **St = stampfen**

Sie können diesen Kanon im 3/4-Takt Ihren Schülern anhand zwei verschiedener Methoden nahe bringen. Erstens: Bewegung und Sprache werden als Einheit vermittelt. Sie sprechen und spielen erst zweitaktige Phrasen vor und lassen diese nachsprechen und -spielen. Dann verlängern Sie auf viertaktige Einheiten, bis alle Teile zusammengesetzt werden können.

Zweite Möglichkeit: Zuerst wird der Text, dann die Bodypercussion erlernt. Wir spielen eine Dreier-Basis-Bewegungsfolge aus zwei Oberschenkel-Patschern (R – L) und einem Klatscher, alles in Vierteln; auf dieser Bewegungsfolge erlernt die Gruppe nach und nach den Text. Dann legen wir Zeile für Zeile die im Notat abgebildeten Bewegungen und Klänge auf den Text.

Nach der einstimmigen Lernphase spielen wir das Stück als zweistimmigen Kanon; die zweite Stimme setzt im dritten Takt ein. Auch im vierstimmigen Kanon setzen wir um zwei Takte versetzt ein. Theoretisch sind bis zu acht Stimmen mit eintaktig versetzten Einsätzen möglich. Spielen Sie später auch diesen Kanon ohne Text! Weitere Ideen zu mehrstimmigen Spielvarianten finden Sie auf S. 75.

Auch hier ist die Kreisform mit den nebeneinander sitzenden unterschiedlichen Stimmen effektvoll und sorgt für Spaß und Irritationen. Die Spieler sollten diesmal aber gegen den Uhrzeigersinn nebeneinander sitzen (siehe Grafik).

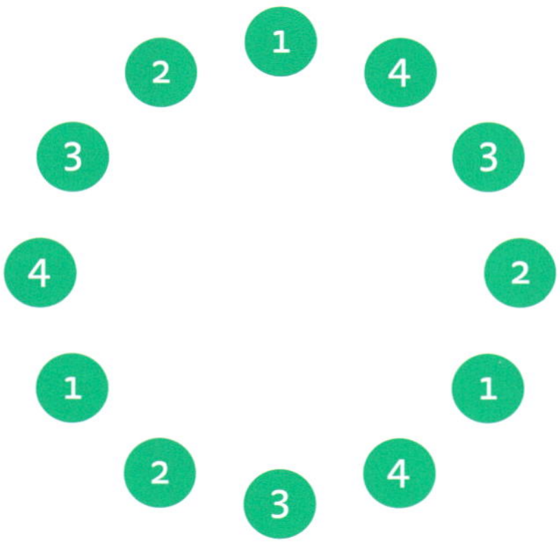

Das ist mein Stuhl – Kanon im Stuhlkreis

41

Text und Musik: Ulrich Moritz
© Helbling

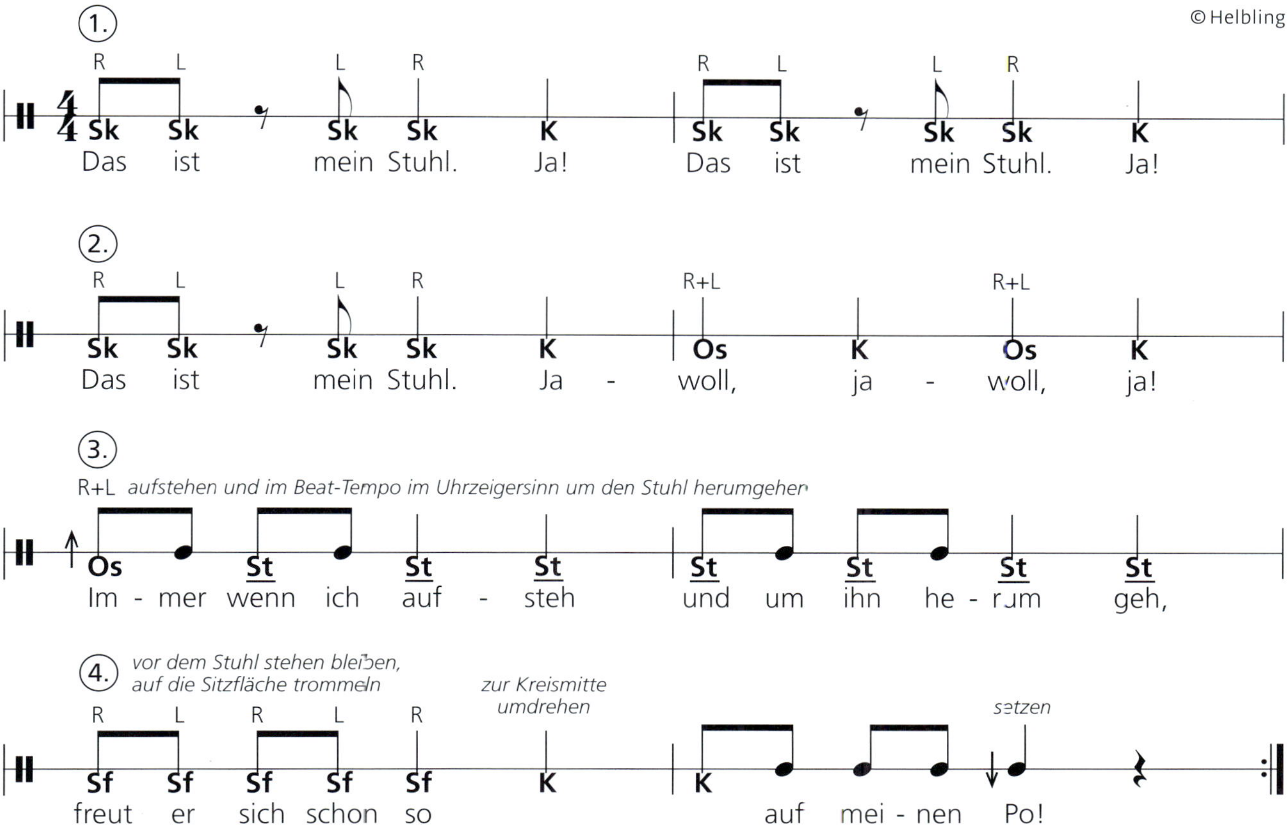

Sk = auf die Stuhlkante patschen
K = klatschen
Os = auf die Oberschenkel patschen
St = stampfen
Sf = auf die Sitzfläche des Stuhls trommeln

Wir sitzen im Stuhlkreis; die Stühle dürfen nicht zu eng stehen, da wir sie umrunden müssen. In Zeile 3 müssen wir schnell aufstehen und dann im Beat-Tempo mit acht Schritten den Stuhl umrunden, damit wir in Zeile 4 vor dem Stuhl stehen und auf die Sitzfläche trommeln können.

Im zweistimmigen Kanon setzt die zweite Stimme nach vier Takten ein. Für den vierstimmigen Kanon ist die gleiche Sitzordnung wie bei dem Mückenstich-Kanon praktisch (siehe S. 82): So stört man sich nicht gegenseitig bei den Stuhl-Umrundungen.

Variante

> Wir gehen während der dritten Zeile zu einem anderen Stuhl und setzen uns im letzten Takt darauf. Der Text kann dann lauten:

„Immer wenn ich aufsteh' und woanders hingeh', freut er sich schon so – auf einen Po."

7. Rhythmicals

Unter dem Begriff „Rhythmical" sind mehrstimmige Rhythmusstücke mit Bodypercussion und kurzen Sprechtexten zusammengefasst. Die Hilfstexte der Stücke kreisen immer um ein Thema, unterstützen das Erfassen der Bewegungsrhythmen und das Memorieren, können aber auch als eigenständige Sprechrhythmen musikalisch eingesetzt werden.

Rhythmicals können zwei-, drei- oder vierstimmig sein; bei „Let' s Go Cha-Cha-Cha" finden Sie sogar ein fünfstimmiges Stück. Einfache Rhythmicals bestehen nur aus einem eintaktigen, mehrfach wiederholbaren Groove-Teil. Die Grooves von schwierigeren Rhythmicals sind länger, raffinierter – und sie können eine Intro, mehrere Breaks und einen Schluss-Teil haben. Die Rhythmicals in diesem Band sind allesamt im vertrauten 4/4-Takt gehalten; 3/4- und 6/8-Takte wurden noch vermieden. Oft sind es schließlich die ersten Erfahrungen mit rhythmischer Mehrstimmigkeit, die Schüler hiermit machen werden.

Mehrstimmigkeit ist eine Spiegelung und eine Übung des Zusammenlebens: Jeder handelt überzeugt und selbstbewusst für sich, aber alles funktioniert nur im Vertrauen aufeinander und in Abhängigkeit voneinander. Mehrstimmiges Spiel ist immer lebendig, abwechslungsreich und erfrischend. Die Einzelstimmen verflechten sich miteinander, umspielen sich, kämpfen gegen- und ergänzen sich miteinander. Kein Takt ist in der Wiederholung der gleiche, alles ändert sich und beeinflusst sich gegenseitig. Die Breaks haben die Aufgabe, diese Mehrstimmigkeit zu unterbrechen und die gesamte Gruppe für kurze Zeit in einem Unisono-Rhythmus zu vereinen. Danach freut man sich wieder auf das vielstimmige Geflecht und spielt die eigene Stimme mit neuer Frische.

Neben dem (musikalischen und sozialen) Übungsaspekt sind Rhythmicals wunderbar dafür geeignet, schnell ein Erfolgserlebnis zu erzielen. Insbesondere die Möglichkeit, den Ablauf beliebig und oft spontan zu gestalten, macht sie für den Unterricht perfekt: Zahlreiche individuelle Gestaltungsmöglichkeiten in Bezug auf Abläufe, Choreografien, Dynamik etc. sind denkbar. So können aus den kleinen Stücken attraktive Beiträge für Konzerte und Aufführungen entstehen.

Tipps zur Erarbeitung

Erlernen der Stimmen

Sie als Lehrer sollten möglichst alle Stimmen auswendig können. Ein Blick in die Unterlagen mit einem humorvollen Kommentar ist natürlich auch erlaubt. Nach einer oder zwei Proben finden Sie in Ihren Schülern ein zuverlässiges Gedächtnis, das Sie sich zu Hilfe nehmen können. Es ist in jedem Fall lohnenswert, sich die Zeit zu nehmen, mit der Gesamtgruppe alle Einzelstimmen kurz zu erarbeiten.

Jeder Mitspieler sollte alle Stimmen kennen, aber muss sie nicht unbedingt perfekt beherrschen. Zum Erlernen ist wie immer die Kreisform am besten geeignet. Zuerst sprechen wir die Rhythmustexte, dann kommen die Körperklänge dazu. Das alles muss gar nicht so lange dauern. Aber wir sollten Texte und Bewegungen in der nächsten Rhythmusrunde kurz wiederholen. Und beim übernächsten Mal ebenso.

Aufbau der Mehrstimmigkeit

Dann beginnt die **Erarbeitung der Mehrstimmigkeit.** Die vier Gruppen stehen sich einander im Quadrat gegenüber. Bei einer Aufführung wird die Aufstellung dann in vier Blöcken mit Blickrichtung zum Publikum vorgenommen; diese neue räumliche Situation muss unbedingt vorher geübt werden!

Die **Groove-Stimmen** werden nach und nach übereinander geschichtet. Dazu laufen wir im Beat oder patschen ihn im Sitzen auf die Oberschenkel. Die Schüler sprechen zunächst den Text ohne die Körperklänge: Die erste Stimme spricht ihren Rhythmus und wiederholt ihn fortlaufend, während die zweite Stimme dazukommt. Wenn der zweistimmige Rhythmus exakt läuft, setzt die dritte Stimme ein, danach folgt die vierte Stimme.

Wenn das vierstimmige Sprechen sicher klappt, kommen die **Körperklänge und Bewegungsfolgen** hinzu. Wenden Sie sich jeder Gruppe nacheinander zu und erarbeiten Sie durch Vor- und Nachmachen die Körperklänge, bis der vierstimmige Bodypercussion-Rhythmus erklingt.

Flechten Sie **Variationen** ein: Geben Sie Signale (vgl. S. 86/87), dass die Rhythmustexte nicht mehr gesprochen werden sollen; oder dass nur gesprochen wird. Blenden Sie einzelne Gruppen für ein paar Takte aus, dann wieder ein; lassen Sie nur eine Gruppe weiterspielen.

Üben Sie den **Schluss** extra ein. Anschließend muss der Übergang vom Groove zum Schluss trainiert werden.

Ebenso werden die **Breaks** gesondert erarbeitet, danach die Wechsel vom Groove zu den Breaks und wieder zurück.

Ablaufmöglichkeiten

Jedes der folgenden Rhythmicals ist ein **Rhythmusbaukasten,** aus dem Sie verschiedene Stücke entwickeln können. Diese **Arrangierarbeit** kann spontan geschehen, indem Sie als Spielleiter in den Erarbeitungsprozess mit Signalen und Zeichen eingreifen (Fotos dazu siehe S. 86/87). Auch Kleingruppen können sich einen Ablauf überlegen, erproben und ihn dann der Gesamtgruppe vorstellen.

Sind die Gruppen in ihren Stimmen sicher, könnte ein standardisierter Ablauf eines Rhythmicals im Unterricht so aussehen:

- Nacheinander setzen die Stimmen 1 bis 4 mit ihren Groove-Patterns ein.
- Wir lassen den Rhythmus laufen, auf Zeichen ohne Texte; auf ein anderes Zeichen folgt der Break.
- Der Groove setzt wieder ein, diesmal spielen alle auf Anhieb gemeinsam.
- Der Wechsel vom Break zum Groove kann beliebig oft wiederholt werden.
- Der Schluss wird auf Zeichen gespielt. Wenn es keinen ausgeschriebenen Schluss gibt, klatschen oder stampfen wir zum Abschluss auf Zählzeit 1.

Spielvarianten

Einige Möglichkeiten, Übungs- und Aufführungsabläufe abwechslungsreich zu gestalten, wurden bei den Erarbeitungstipps (siehe S. 85) bereits vorgestellt. Sie und Ihre Schüler werden jedoch noch weitere Varianten entdecken. Anschließend noch ein paar Tipps:

> Auf Zeichen wechseln wir die **Gestaltungsebenen.** Wir spielen z.B. nur Körperklänge; oder wir sprechen nur; wir spielen die kompletten Rhythmen, sprechen aber nur bei den Klatschern; wir sprechen alles, spielen aber nur die Oberschenkel-Patscher etc.

> Wir experimentieren mit verschiedenen musikalischen **Parametern:** z.B. mit Dynamik, dem Aus- und Einblenden von Stimmen, mit Verlangsamung und Beschleunigung oder einer leisen Instrumentalbegleitung.

> Für eine Aufführung erarbeiten wir eine **Choreografie** mit Gesten für die Sprechphasen, einer Auftrittsordnung und einer Schlusspose.

> Wir behalten die Sprechrhythmen bei, ignorieren aber die vorgegebenen Körperklänge. Dann geben Sie Kleingruppen den Arbeitsauftrag, für ihre Stimme eine **neue Bodypercussion-Umsetzung** zu entwickeln und einzuüben. Am Schluss kombinieren wir in der Gesamtgruppe alle Stimmen.

> Wir übertragen die Rhythmustexte auf **Perkussionsinstrumente** oder auf spieltaugliche Alltagsgegenstände wie Tische, Stühle, Stifte, Plastikbecher oder -flaschen.

Signale und Zeichen

Eine klare Zeichensprache im Unterricht hilft bei Erarbeitung und Ablauf der Rhythmicals und trägt zum Gelingen bei. Die Gesten für „Achtung!", Break und Schluss, „Weiterspielen!", „Nicht mehr Sprechen!" und „Nur Sprechen, nicht spielen!" müssen der Gruppe vertraut sein.

Unerlässlich ist es, **Blickkontakt** zur Gruppe herzustellen, wenn wir Zeichen geben wollen. Ein ruhiges, klares, **rhythmisch präzises Einzählen** ist eine gute Starthilfe für jede Rhythmusaktion.

Achtung

weiterspielen (Hände kreisen umeinander)

einzählen: „eins"

einzählen: „zwei"

einzählen: „drei"

einzählen: „vier"

Stopp/Schluss

Break

nur sprechen, nicht spielen

nicht sprechen, nur spielen

Die Rhythmicals auf der DVD

Auf den Video-Aufnahmen sind standardisierte Abläufe zu sehen, in denen die Einzelstimmen und das Zusammenspiel in kurzer Form verdeutlicht werden:

- Die Spieler der ersten bis vierten Stimme setzen nacheinander mit Sprache und Bewegung ein und spielen weiter.
- Der Groove wird mehrstimmig gespielt und gesprochen.
- Der Break wird einmal gespielt.
- Der mehrstimmige Groove wird ohne Text gespielt.
- Der mehrstimmige Groove wird (ohne Bodypercussion) nur gesprochen.
- Der Groove wird weitere vier Mal mehrstimmig gespielt und gesprochen.
- Dann folgt der Schluss.

Die Spielstücke

Wir beginnen mit einfachen, kurzen Rhythmicals. Die Grooves von **„Are You Ready?“** (S. 88/89), **„Happy Birthday“** (S. 90) und **„Frohe Weihnachten“** (S. 91) sind eintaktig und enthalten keine Offbeat-Akzente. Zudem sind sie so komponiert, dass in den Groove-Teilen keine Stampfer vorkommen, die Gruppe kann also im Viertelpuls auf der Stelle gehen. Das unterstützt die Beat-Sicherheit bei den einzelnen Mitspielern und der Gesamtgruppe, muss allerdings intensiv geübt werden. In den Breaks findet sich oft ein Sprung, der das Beat-Laufen bewusst unterbricht.

Die danach folgenden Rhythmical-Grooves sind zweitaktig, die Breaks sowie die Anfangs- und Schlussthemen werden zunehmend raffinierter. **„Was ist Rhythmus?“** (S. 92) beantwortet eine jahrhundertealte Frage und arbeitet in den Breaks mit spannenden Dreier-Verschiebungen. In **„Guten Morgen“** (S. 93) und **„Wer war's?“** (S. 94) rhythmisieren wir Situationen und Stimmungen, die jeder kennt und die auch im Schulalltag nicht fern sind. Der fünfstimmige Groove von **„Let's Go Cha-Cha-Cha“** (S. 96) ist die Bodypercussion-Variante eines Latin-Rhythmus.

Alle Übungsphasen können mit Musikbegleitung unterstützt werden, je nach Spieltempo können Sie aus vier Übungsloops auswählen (01–04).

Are You Ready? Version 1 – Rhythmical

Text und Musik: Richard Filz

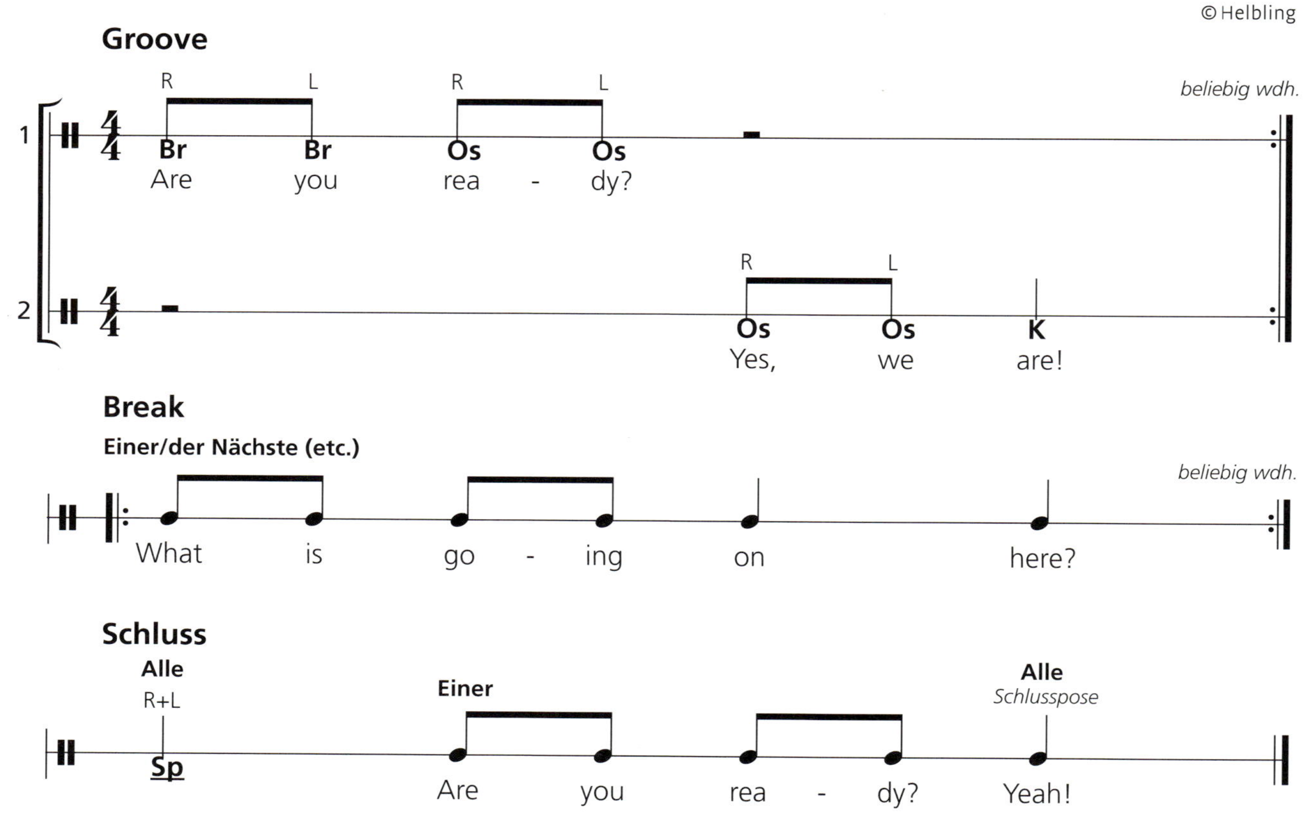

Version 1 (S. 88)

Im Groove folgen die beiden Stimmen wie die Glieder einer „Rhythmuskette“ aufeinander. Groove und Break wechseln auf Zeichen und können beliebig oft wiederholt werden; den Break können immer wieder andere Mitspieler rufen. Zum Groove und Break können wir nach etwas Übung die Beats laufen. Den Schluss gibt der Spielleiter an.

Are You Ready? Version 2 – Rhythmical

42

Text und Musik: Richard Filz
© Helbling

Groove

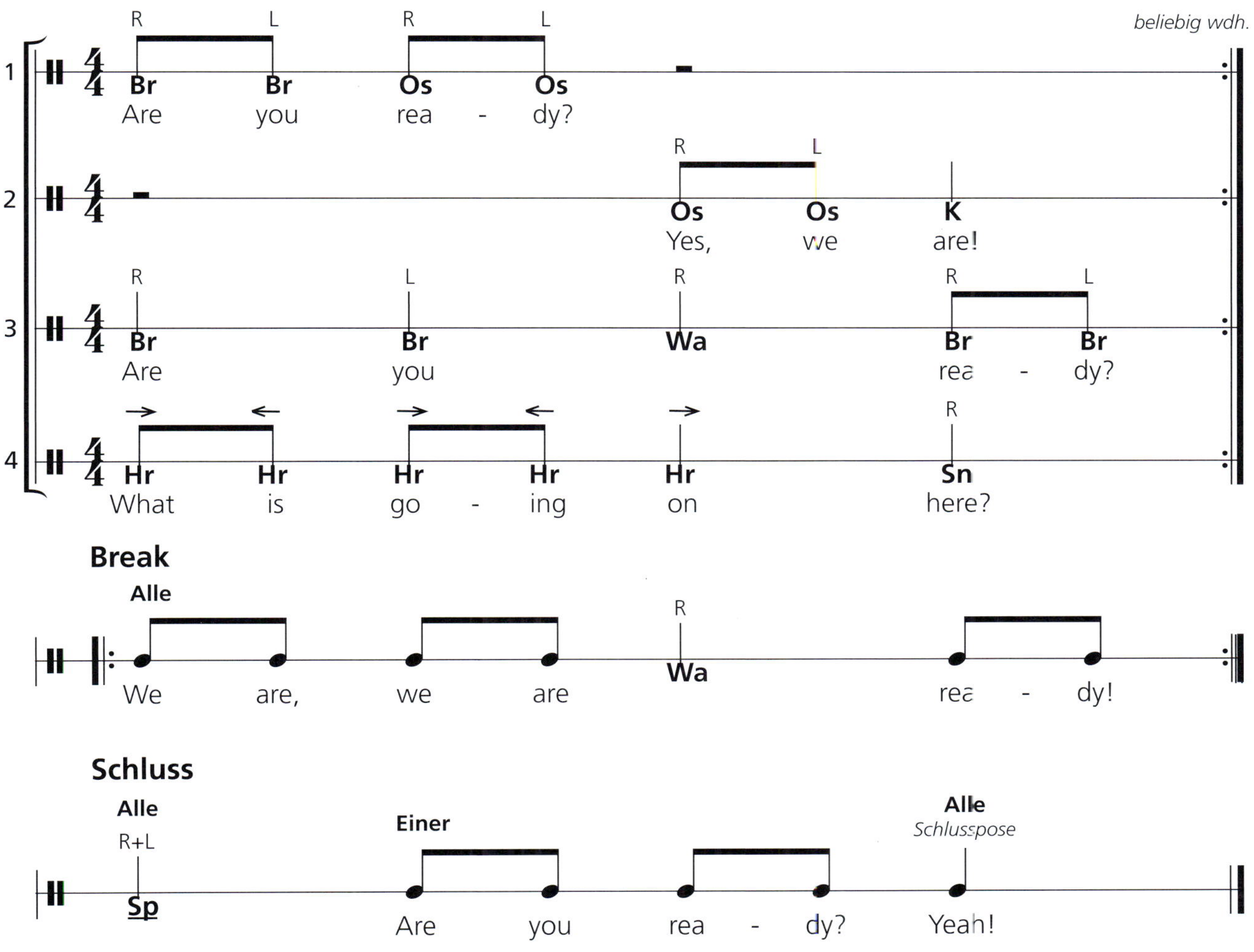

Br = auf den Brustkorb patschen
Os = auf die Oberschenkel patschen
K = klatschen
Sp = springen
Wa = auf die Wangen patschen
Hr = die Handflächen gegeneinander reiben
Sn = schnipsen

Version 2

Nun kommen im Groove noch zwei Stimmen hinzu, deren Rhythmuspatterns sich mit den anderen Stimmen überlagern. Es wird also „echt“ mehrstimmig! Den Break spielen alle unisono, er kann auf Ansage auch zwei- oder viermal wiederholt werden.

Happy Birthday – Rhythmical

43

Text und Musik: Richard Filz

Groove

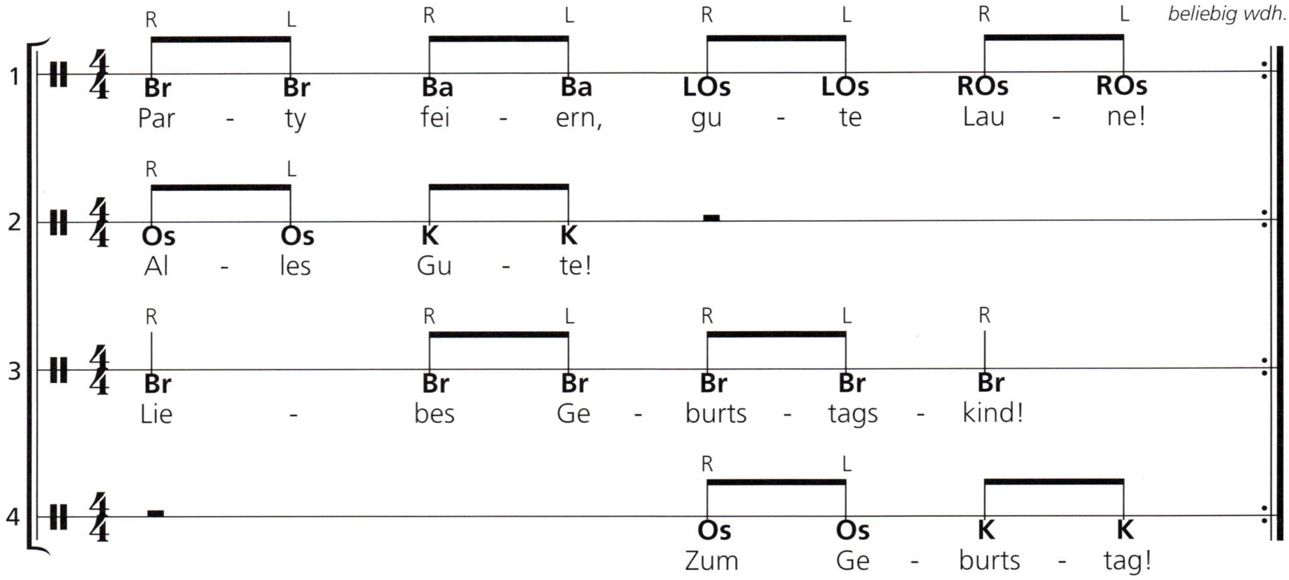

Break

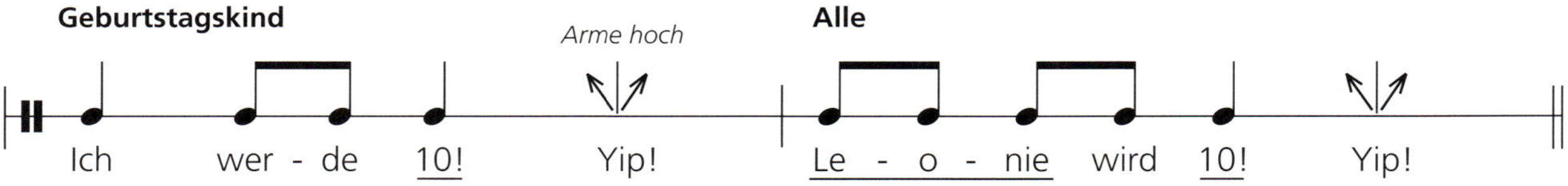

Schluss

Für dieses Geburtstags-Rhythmical fragen wir das Geburtstagskind, ob es den Break rufen mag und üben dies gebenenfalls mit ihm. Wenn es das nicht möchte, können wir Lehrer das übernehmen (z.B. „Leonie wird 10!"), die Klasse wiederholt entprechend.

Varianten

> Wir spielen ohne Text, nur mit Bodypercussion.

> Wir sprechen das Stück ohne Bodypercussion.

Br	=	auf den Brustkorb patschen
Ba	=	auf den Bauch patschen
Os	=	auf die Oberschenkel patschen
LOs	=	auf den linken Oberschenkel patschen
ROs	=	auf den rechten Oberschenkel patschen
K	=	klatschen
Sp	=	springen
↖↗	=	Arme nach oben strecken
Hr	=	Hände reiben

Frohe Weihnachten – Rhythmical

44

Text und Musik: Richard Filz

Groove

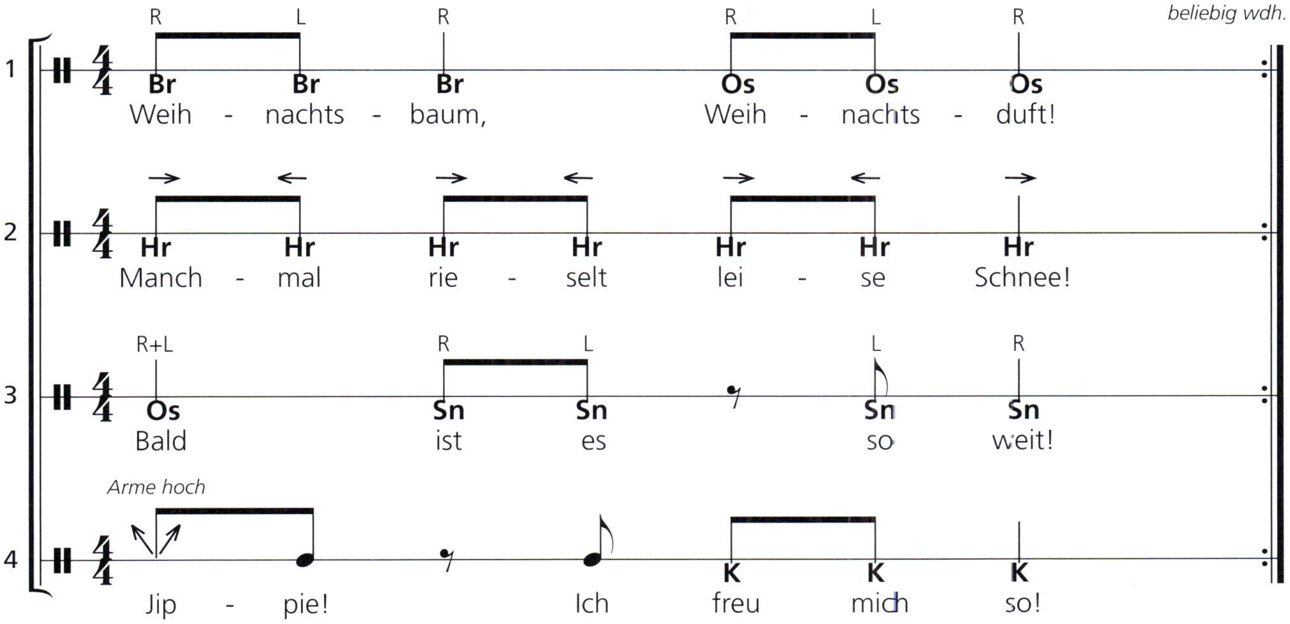

Break

Schluss

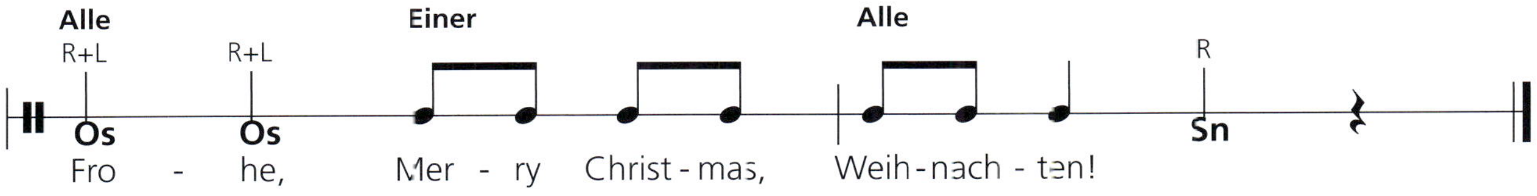

Nicht nur wegen der weihnachtlichen Stimmung ist dies ein leises Rhythmical. Die Klatscher dürfen das Händereiben und Schnipsen nicht übertönen. Besetzen Sie, wenn möglich, die zweite und dritte Stimme mit etwas mehr Mitspielern. Die Beats werden zart mitgestampft. Lassen Sie eventuell ein Glockenspiel als Zeichen für den Break viermal die ersten drei Töne von „Jingle Bells“ spielen. Das ist ein deutliches Signal und hilft der Gruppe, den richtigen Ton zu finden. Falls Singen gerade nicht „cool“ ist, sprechen wir die Break-Takte.

Varianten

- Mehrere Durchläufe nur mit Bodypercussion spielen, ohne den Text zu sprechen.
- Reine Vokalversionen spielen.

Was ist Rhythmus? – Rhythmical

45

Text und Musik: Ulrich Moritz

Groove

beliebig wdh.

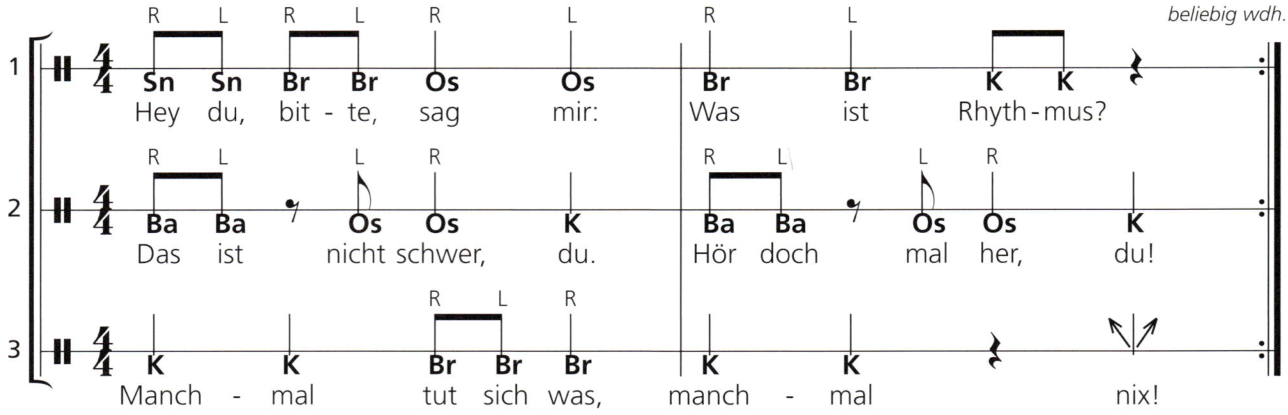

Ketten-Break

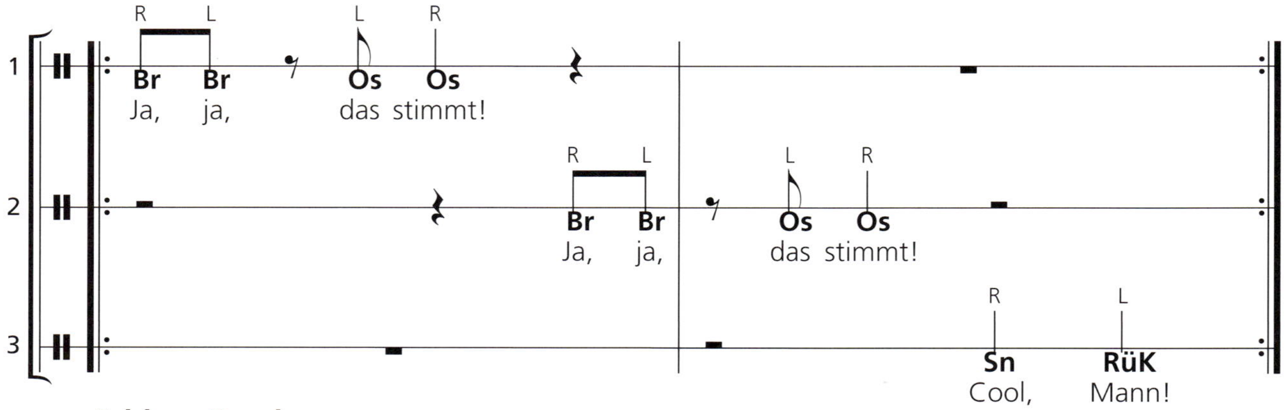

Schluss-Break

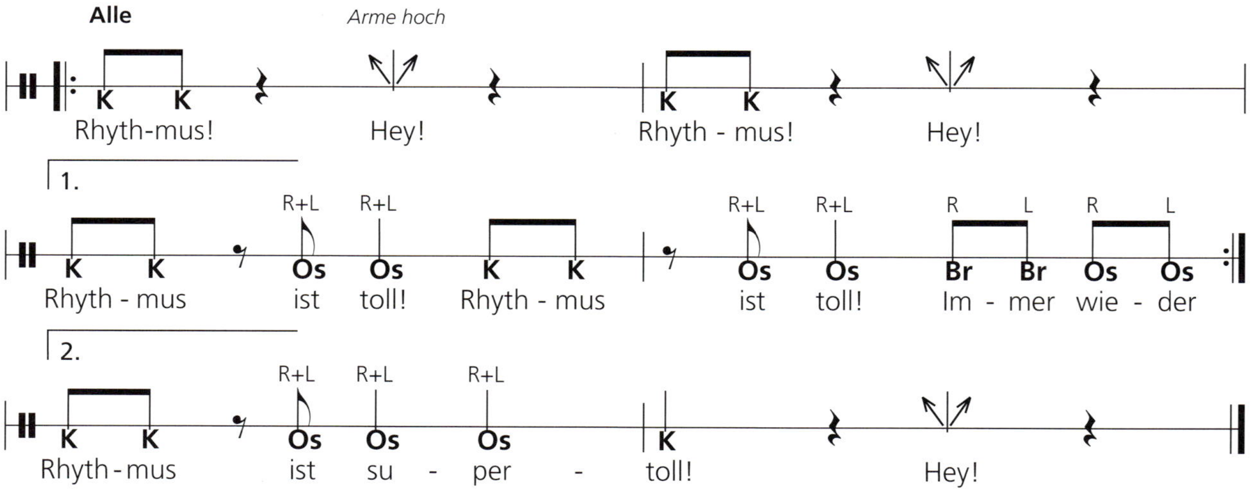

Endlich ist die alte Frage geklärt: Jetzt wissen wir, was Rhythmus ist! Dieses Rhythmical können wir im Steh- oder Sitzkreis spielen. Mit den Füßen können wir Viertel stampfen. Bei „nix!" werden die Arme ausgebreitet, die Hände wie im Bedauern nach oben geöffnet. Als Intro kann Zeile 1 des Schluss-Breaks gespielt werden.

Guten Morgen – Rhythmical

46

Text und Musik: Ulrich Moritz

Groove

beliebig wdh.

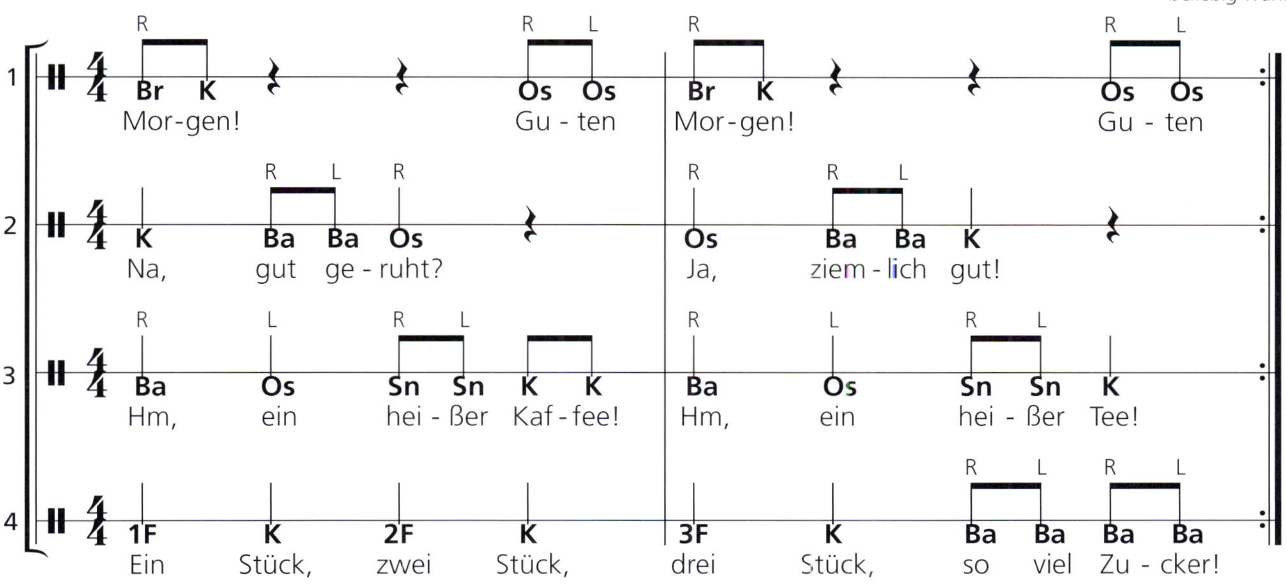

Break

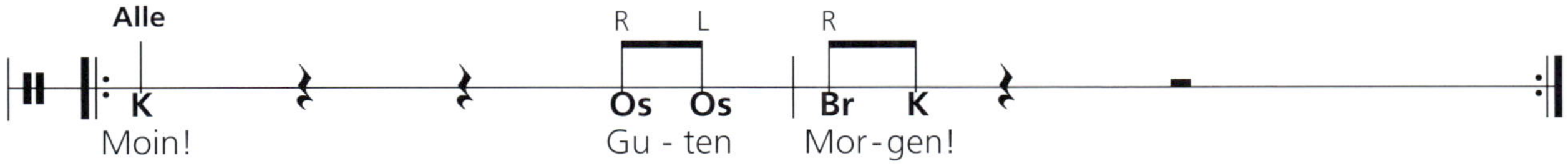

Schluss

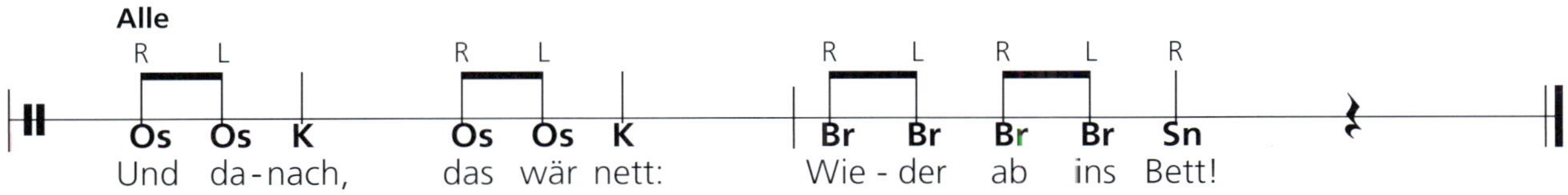

Br = **auf den Brustkorb patschen**
K = **klatschen**
Os = **auf die Oberschenkel patschen**
Ba = **auf den Bauch patschen**
Sn = **schnipsen**
1F = **einen Finger hochhalten**
2F = **zwei Finger hochhalten**
3F = **drei Finger hochhalten**
RüK = **auf den Handrücken klatschen (siehe Foto S. 12)**
↖↗ = **Arme nach oben strecken**

Eine rhythmische morgendliche Begrüßung – mit allem, was dazugehört. Das „Hm" in der dritten Stimme ist ein kurzes Bauch-Reiben. In der vierten Stimme werden erst einer, dann zwei, dann drei Finger hochgestreckt – für die Anzahl der gewünschten Zuckerstücke. Eine Variante dieser Stimme finden Sie auf S. 94.

Als Schluss kann natürlich auch der erste Break gespielt werden, falls alle wach bleiben sollen!

-> Variante siehe S. 94.

Variante zu „Guten Morgen" (S. 93)

> Eine rhythmisch schwierigere, aber sehr reizvolle Alternative zur vierten Stimme von „Guten Morgen" kann folgendermaßen aussehen:

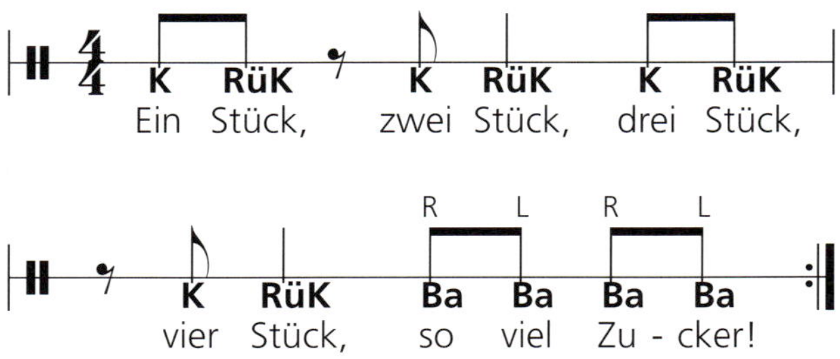

Wer war's? – Rhythmical

47

Text und Musik: Ulrich Moritz

Groove

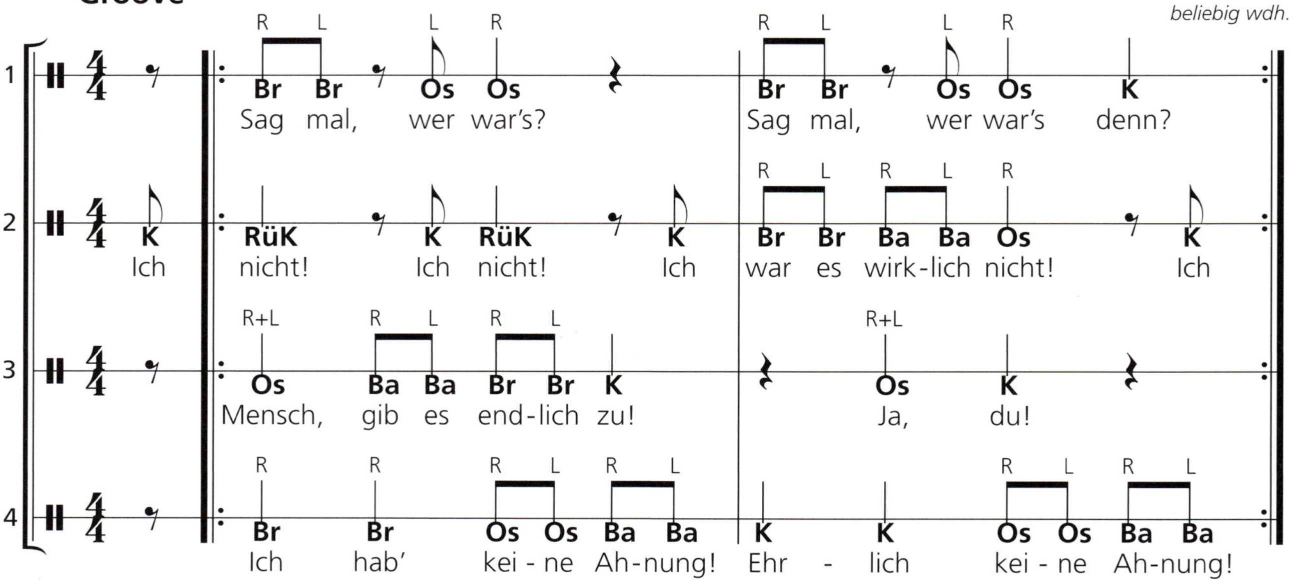

Break (beliebig oft mit verschiedenen „Angeklagten" wiederholen)

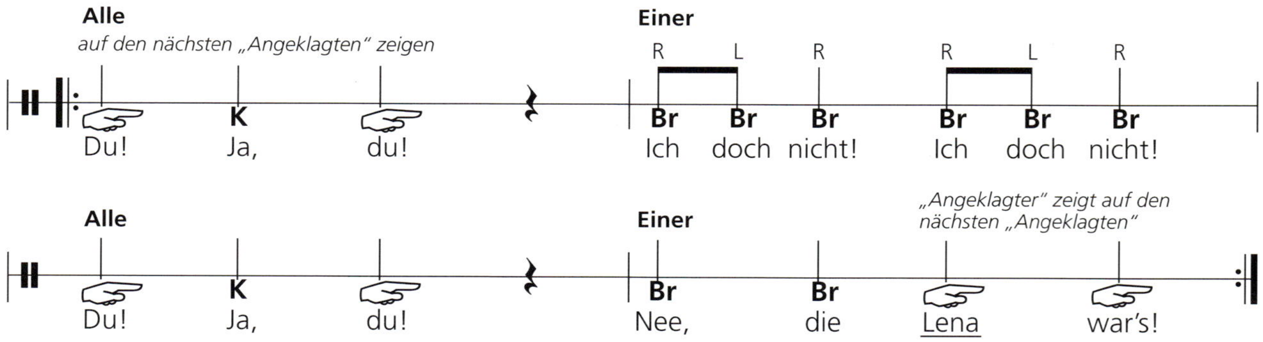

Schluss

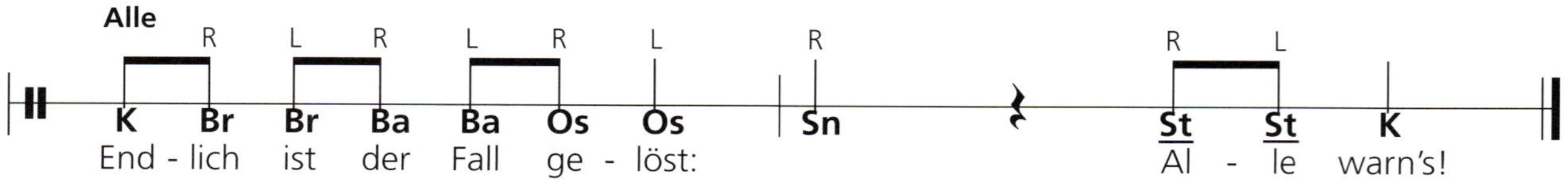

Br	=	auf den Brustkorb patschen
Os	=	auf die Oberschenkel patschen
K	=	klatschen
RüK	=	auf den Handrücken klatschen (siehe Foto S. 12)
Ba	=	auf den Bauch patschen
Sn	=	schnipsen
St	=	stampfen
☞	=	mit dem Finger zeigen

Variante

> Wir verkürzen den Break auf die ersten zwei Takte („Du! Ja, du!" – „Ich doch nicht! Ich doch nicht!"). Diese Takte werden von allen gespielt – mit wilden gegenseitigen Beschuldigungen.

Diese Situation kennt jeder: Etwas Schlimmes ist passiert, keiner kennt den Verursacher, keiner gibt es zu und jeder beschuldigt einen anderen. Die vier Groove-Patterns stellen das Gespräch zwischen „Ermittler" und Beschuldigtem dar.

Der Break kann beliebig oft wiederholt werden. Im ersten Takt bestimmen wir den ersten Angeklagten, der im vierten Takt einen beliebigen Nächsten beschuldigt. Bei der Wiederholung wird ein anderer Schuldiger ausgemacht.

Falls wir Beat-Schritte laufen, bleiben wir beim Schluss auf dem ersten Klatscher stehen.

Let's Go Cha-Cha-Cha – Rhythmical

48

Text und Musik: Richard Filz

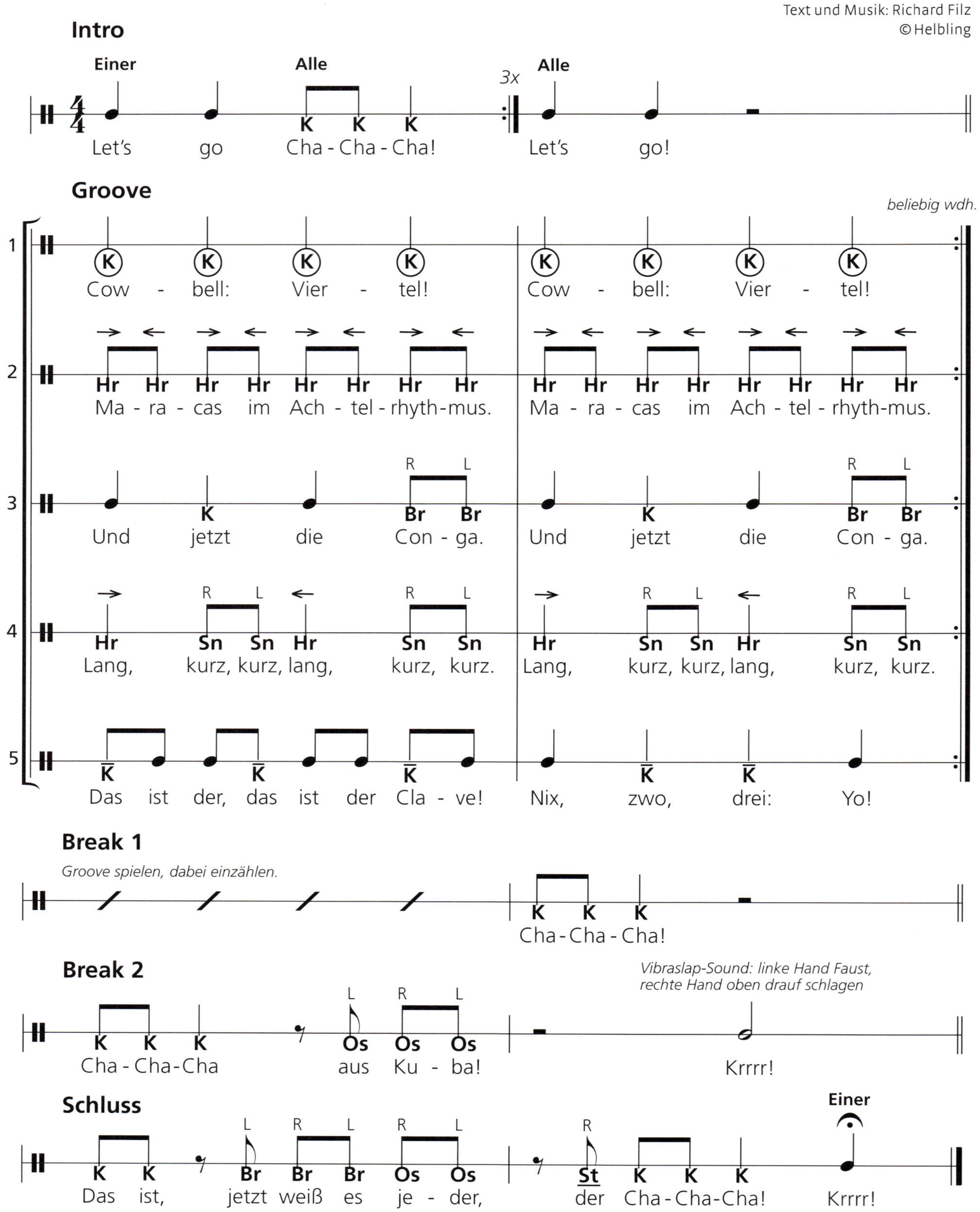

K = klatschen
Ⓚ = Hohlhand-Klatscher
Hr = Hände reiben
Br = auf den Brustkorb patschen
Sn = schnipsen
K̄ = Brunnen-Klatscher
Os = auf die Oberschenkel patschen
<u>St</u> = stampfen

In diesem fünfstimmigen Rhythmical* werden die Hauptinstrumente eines Cha-Cha-Cha mit ihren Bezeichnungen und ihren markanten Rhythmen vorgestellt. In der vierten Stimme hören Sie z.B. den typischen Guiro-Rhythmus. Zwei Klatsch-Sounds tauchen in diesem Stück auf: für die Beat-Glocke das „Hohlhand-Klatschen" und für den Clave das „Brunnen-Klatschen", bei dem die Finger der linken Hand eine Art Brunnen bilden, auf dessen Öffnung oben die rechte Hand schlägt, siehe Foto.

Im Video (🎬 48) ist eine Version mit vier Spielern zu sehen: Spieler 1 wechselt nach dem zweiten Break von der Glockenstimme (Stimme 1) zur Clave-Stimme (Stimme 5).

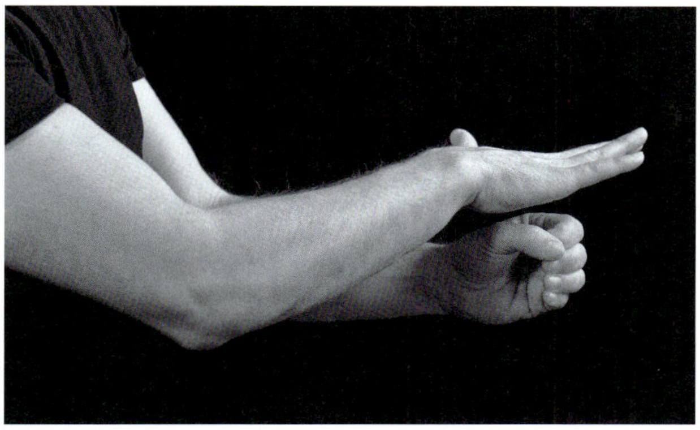
Brunnen-Klatscher (K̄)

Hohlhand-Klatscher, d.h. mit gewölbten Händen klatschen (Ⓚ)

*Weitere Versionen dieses Stücks finden sich in „Rhythmus aus der Schultasche" von Richard Filz (Helbling Verlag 2012).

8. Aufführungsstücke

Die meisten Spielstücke dieses Buches sind zum lustvollen, intensiven Lernen, Üben und Miteinander-Spielen gedacht, da sich Rhythmusarbeit in der Gruppe überwiegend prozessorientiert, nicht ergebnisorientiert vollzieht. Eine Aufführung vor Publikum kann aber selbstverständlich auch ein motivierendes Ziel sein! Dafür finden Sie in diesem Kapitel besonders bühnengeeignete Stücke, die auch gezielt auf Publikumswirkung hin geübt werden sollten. Lassen Sie sich von den Video-Einspielungen inspirieren. Aber seien Sie auch kreativ und mutig: Auch aus den vielen kleinen Spielstücken in den vorigen Kapiteln können Sie aufführungstaugliche Versionen entwickeln. Wenn den Schülern ein Rhythmical, ein Kanon, sogar ein Trainingsstück wie „Vitamine" (S. 49) besonders viel Spaß macht, lohnt es sich in jedem Fall, eine Bühnenversion davon zu erarbeiten. Denn das Üben für eine Aufführung setzt ungeahnte Energien frei, fördert Zusammengehörigkeit und Selbstbewusstsein und erntet am Ende viel Applaus.

Die Aufführung eines Bodypercussion-Stücks lebt von Individualität und Perfektion. Jeder Körper hat seine eigene Haltung und Energie und seine eigenen Bewegungsqualitäten, jeder Mitspieler hat seine individuelle Stimme und Mimik. Spaß und Lebendigkeit zu erhalten und dabei so präzise wie möglich zusammenzuspielen – das ist unsere Aufgabe. Die Wirkung der Gruppe ist dann am stärksten, wenn jeder einzelne seine Eigenheiten und speziellen Qualitäten mit Überzeugung einbringen kann – im Rahmen eines (relativ) präzisen Gesamtkonzepts. Von einem frühen Zeitpunkt an ist es deshalb wichtig, dass jeder Mitspieler die eigene Groove-Stimme sowie alle Texte, Themen und Breaks sicher beherrscht. Und schließlich müssen die Positionen auf der Bühne, die Auf- und Abgänge und choreografischen Details vielfach geübt werden. Dann kann die Show beginnen!

Die Spielstücke

Die Spielstücke sind nach zunehmender Schwierigkeit geordnet – wobei dies immer von der bisherigen Spielerfahrung und dem Können der Schüler abhängig ist. Der **„Wetterfrosch“** (S. 100) ist bereits für 9- bis 10-Jährige geeignet. **„Rock Your Body #1“** (S. 102) kann ebenfalls mit dieser Altersgruppe funktionieren, jedoch ist die Rhythmuskette in Break 2 anspruchsvoll. **„Rock Your Body #2“** (S. 104/105) setzt mehr Rhythmuserfahrung voraus. Die Stücke **„Unterwegs“** (S. 106/107), **„Geschafft!“** (S. 108), „**Let Us Play the Groove!“** (S. 110) und **„Walfisch und Thunfisch“** (S 113) sind stellenweise noch kniffliger; oft besteht allerdings die Option, einen schwierigen Teil wegzulassen. Die Spielfreude und der Ausdruck der Performance sind viel wichtiger als ein hoher Schwierigkeitsgrad!

Üben Sie die Stücke, wenn möglich, in der Kreisform ein. Nehmen Sie sich, wenn der Termindruck nicht zu groß ist, genügend Zeit für die „Basics“: insbesondere für **hinführende Bewegungs- und Sprechspiele sowie Improvisationen über den jeweiligen Grooves.** Langfristig betrachtet lohnt sich diese scheinbar „verspielte“ Vorarbeit: Je größer die rhythmische Sicherheit wird, desto seltener werden die Fehler, die dennoch garantiert immer vorkommen werden, die Spieler aus dem rhythmischen Fluss werfen. Fehler sind aber nicht tragisch, meist werden sie vom Publikum gar nicht bemerkt. Allerdings: Sich von Fehlern so verunsichern zu lassen, dass Beat und Takt durcheinander geraten – das fällt auf!

Wie bei den Kanons und den Rhythmicals sind auch von den Aufführungsstücken kurze informative Versionen auf der DVD zu sehen. Die im Buch empfohlenen Abläufe sind oft länger und arbeiten mit mehr Wiederholungen. Sie haben selbstverständlich alle Freiheiten, die Stücke an Ihre Gruppe und die zeitlichen und räumlichen Bedingungen anzupassen.

Wetterfrosch, wach auf! – Aufführungsstück

49

Es wird kälter und kälter. Der Winter hat nicht nur das Land fest im Griff, sondern offensichtlich auch den Wetterfrosch, denn der ist nicht zu sehen. Temperaturen unter null, Eiseskälte – kein Wunder, dass sich da so mancher wünscht: „Wetterfrosch, wach auf!“ In jedem Fall hilft rhythmisches Betrommeln des Körpers!

Das Stück „Wetterfrosch, wach auf!“ (siehe Notat S. 100) braucht drei Spielergruppen: zwei für den zweistimmigen Intro- bzw. Begleit-Groove, die dritte Gruppe bilden die Rapper. Bei Refrain und Schluss spielen alle zusammen unisono.

überkreuz auf die Oberarme patschen (Oa)

Hände verschränken und Handrücken gegeneinander klatschen (RüK)

-> Notat sowie Tipps zu Erarbeitung und Performance siehe S. 100/101.

Wetterfrosch, wach auf! – Aufführungsstück

49

Text und Musik: Richard Filz
© Helbling

Intro/Groove

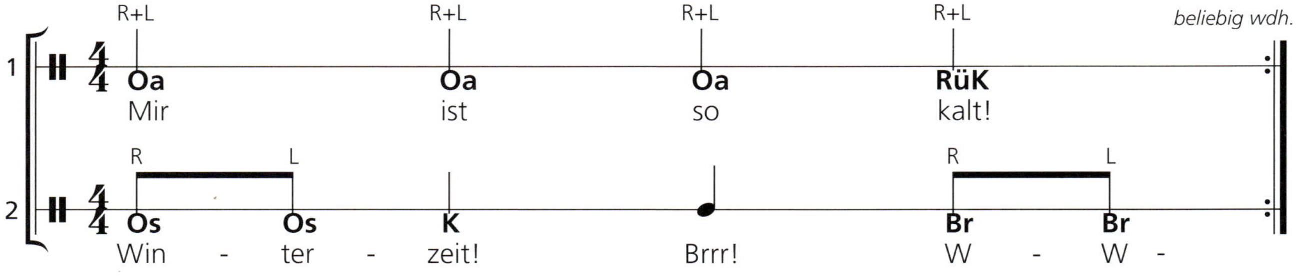

Rap (dazu Stimme 1 und 2 mit Groove)

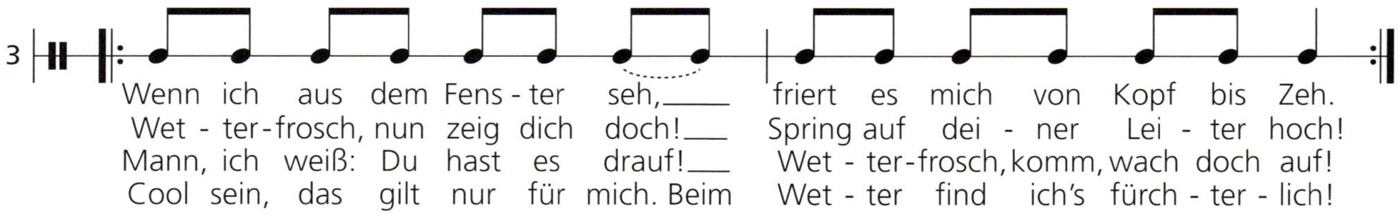

Refrain

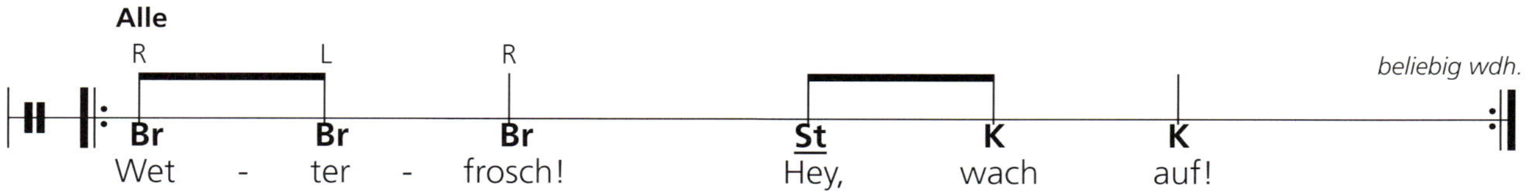

Schluss

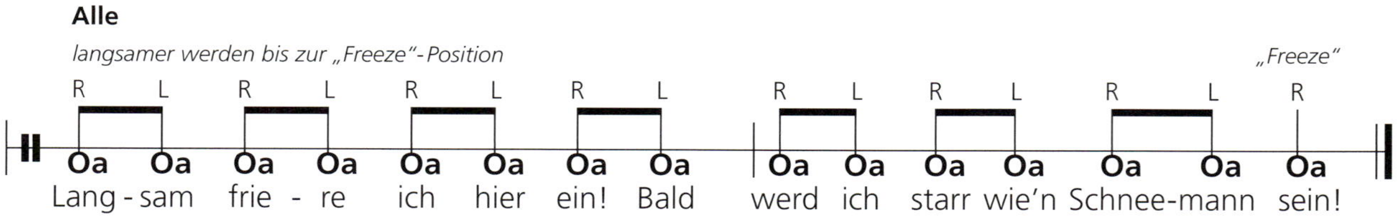

Oa = überkreuz auf die Oberarme patschen (siehe Foto S. 99)
RüK = die Handrücken gegeneinander klatschen (siehe Foto S. 99)
Os = auf die Oberschenkel patschen
K = klatschen
Br = auf den Brustkorb patschen
St = stampfen

-> Weitere Infos zum Stück siehe auch S. 99.

Tipps zur Erarbeitung

Beginnen Sie mit der Erarbeitung der **Intro.** Alle sprechen den Rhythmustext der ersten Stimme. Wenn das sicher klappt, kommt die Bodypercussion dazu. Auf Zeichen (z.B. eintaktiges Einzählen mit „Ach-tung: Texte weg!“) wird der Text weggelassen und nach einer Weile wieder hinzugenommen („Tex-te jetzt dazu!“). Auf dieselbe Weise wird die zweite Stimme erarbeitet.

Danach werden zwei Gruppen gebildet. Starten Sie zuerst Stimme 1, dann Stimme 2. Das Ein- und Ausschalten der Rhythmustexte sollte auch hier wieder kurz geübt werden (Signale und Zeichen siehe S. 86/87). Die Fassung ohne Text bildet dann den **Begleit-Groove** für den Rap.

Der **Rap-Teil** wird bei der Aufführung von einer dritten Gruppe, einem Solisten oder von beiden im Wechsel gerappt. Ziel ist eine verständliche Aussprache und eine dem Text entsprechend „coole“ Performance. Zu Beginn der Erarbeitung kann die ganze Klasse den Text üben. Später spricht ihn nur die Rap-Gruppe, begleitet vom Groove der Gruppen 1 und 2 (nur Bodypercussion, ohne Text).

Der **Refrain** wird von allen gemeinsam ausgeführt. Lautes und deutliches Sprechen sind wichtig, das Klatschen muss mit der Stimme übertönt werden. Zuletzt wird der **Schluss** erarbeitet. Hier ist es wichtig, dass alle in gleichem Maße langsamer werden und schließlich „einfrieren“ („Freeze“).

Performance-Tipps

Für eine überzeugende Performance hilft es den Schülern, wenn sie sich vorstellen, dass sie frierend am Nordpol stehen und dort, vor Kälte zitternd, die Texte sprechen und sich dabei wärmend überkreuz auf die Oberarme klopfen (siehe Foto S. 99). Handschuhe und Schals sind passende Accessoires (siehe 49).

Eine einfache Möglichkeit für den Ablauf ist:

- Intro: Stimmen 1 und 2 (Bodypercussion mit Sprechen) nacheinander starten, laufen lassen, auf Zeichen ohne Text
- Rap über Begleit-Groove
- Alle: Refrain (beliebig oft wiederholen)
- alles von vorne wiederholen
- auf Zeichen: Schluss

Rock Your Body #1 – Aufführungsstück

50

Text und Musik: Richard Filz

Refrain (2x spielen)

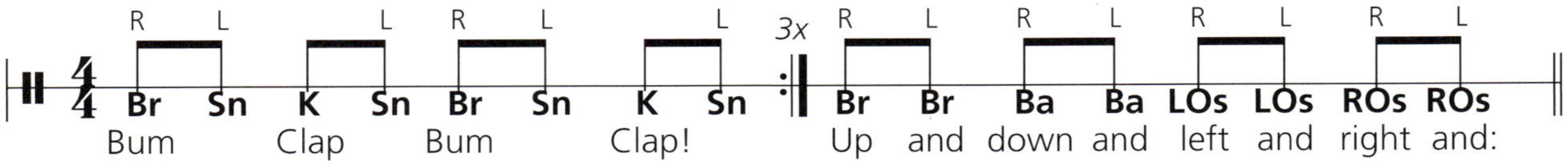

Break 1

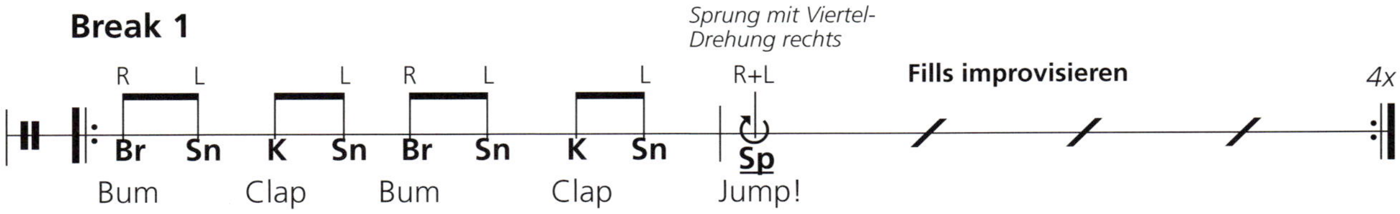

Break 2

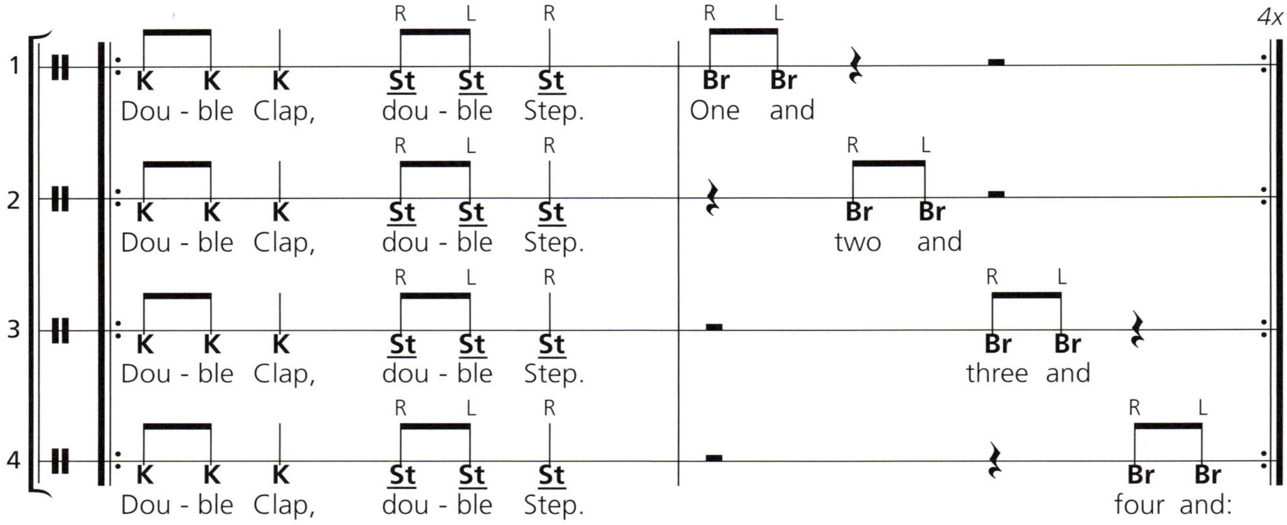

Schluss

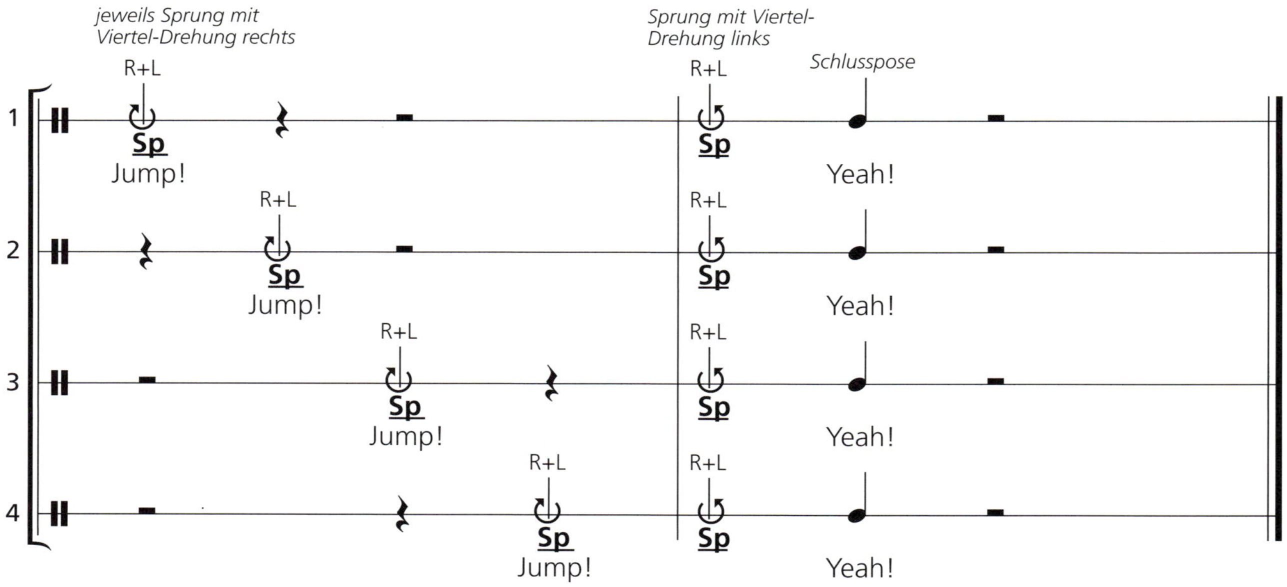

Br	=	**auf den Brustkorb patschen**
Sn	=	**schnipsen**
K	=	**klatschen**
Os	=	**auf die Oberschenkel patschen**
Ba	=	**auf den Bauch patschen**
LOs	=	**auf den linken Oberschenkel patschen**
ROs	=	**auf den rechten Oberschenkel patschen**
Sp	=	**springen**
St	=	**stampfen**

Rock Your Body #1 und #2

Die zwei „Rock Your Body"-Stücke basieren auf ähnlichen Grooves: auf Drumset-Rhythmen in Rock-Stilistik. Und sie beinhalten ähnliche Methoden, um diese Grooves mit solistischen, virtuosen und Show-typischen Passagen zu unterbrechen. Hervorstechendes Stilmittel in beiden Stücken sind in Break 2 und dem Schluss-Teil sogenannte **Rhythmusketten:** Dieselbe Aktion wird um je eine Zählzeit versetzt von vier Kleingruppen gespielt.

Die Texte in beiden Stücken sind Hilfstexte, die bei einer Performance nur in kurzen Phasen eingesetzt werden sollten. Die zweite Version ist schwieriger als die erste.

Tipps zur Erarbeitung

Auf den Groove kommt's an! Spielen Sie den ersten Refrain-Takt mit der Gruppe im Kreis; mit den Füßen können wir die Viertel-Beats dazu stampfen, solange wir noch nicht bei den Sprüngen und dem Stampf-Takt in den Breaks angekommen sind. Gönnen Sie der Gruppe Zeit, mit dem **Basis-Groove** (Refrain, Takt 1) zu experimentieren: Spielen Sie ihn eine Weile, bauen Sie Soli (wie bei Break 1) und Vorspiel-Nachspiel-Breaks ein. Falls der Schnipser mit der linken Hand nicht laut genug ist, können wir auch mit rechts oder mit beiden Händen schnipsen.

Allmählich nähern wir uns der angestrebten viertaktigen Form des **Refrains:** Wir spielen den Groove dreimal, dann pausieren wir einen Takt. Dieser Takt kann dann von einem Mitspieler oder von mehreren gleichzeitig mit einer Improvisation gefüllt werden. Stellen Sie nach einer Weile den auskomponierten Fill des zweiten Refrain-Taktes vor, üben ihn mit den Schülern ein und hängen ihn an die drei Groove-Takte an.

Der Sprung in **Break 1** sollte zuerst ohne Drehung und Fills, aber mit Weitersprechen („Jump, zwei, drei, vier") geübt werden. Danach wird mit Viertel-Drehungen erweitert, die nach viermaligem Spielen des Breaks wieder zur Ausgangs-Blickrichtung zurückführen. Die **Fills** werden später von einem Spieler oder von vier festgelegten Spielern nacheinander improvisiert.

In **Break 2** und im **Schluss** spielen wir Rhythmusketten: eine schnelle Reihung identischer Bewegungen, die sich durch die Gesamtgruppe fortsetzt. Sie sehen auf dem Papier so einfach aus, sind aber in der Praxis – und besonders im Gesamtablauf – immer extrem schwierig zu realisieren. Eine flüssige Spielweise verlangt hohe Konzentration und viele Übungswiederholungen. Gelingt die Rhythmuskette dann, erreicht man damit optisch einen tollen Effekt. Als weiteren Hingucker können im zweiten Takt von Break 2 in den Wiederholungen andere Sounds eingesetzt werden.

Performance-Tipps

Die Schüler können zu Beginn in einer Reihe stehen (oder in zwei oder drei Reihen hintereinander, je nach Zahl der Mitspieler und Bühnengröße). Kalkulieren Sie unbedingt den Platz für die Sprung-Drehungen mit ein. Für die Rhythmusketten sieht es interessanter aus, wenn sich die Gruppe in vier Blöcke teilt. Die vier Stimmen stehen dann blockweise geordnet nebeneinander.

Als Variante ist ein Solo auf einem leise gespielten Groove des ersten Refrain-Taktes denkbar

Ein Ablauf kann wie folgt aussehen:

- 2 x Refrain
- 4 x Break 1
- 2 x Refrain
- 4 x Break 2
- Solo auf Groove des ersten Refrain-Taktes
- auf Zeichen 2 x Refrain
- Schluss

Rock Your Body #2 – Aufführungsstück

Text und Musik: Richard Filz

Refrain (2x spielen)

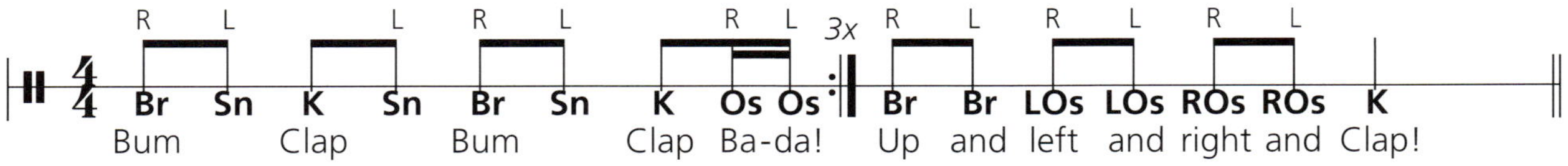

Break 1

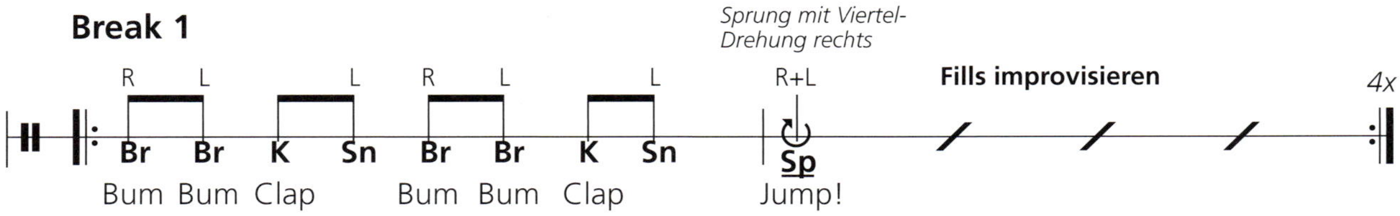

Break 2

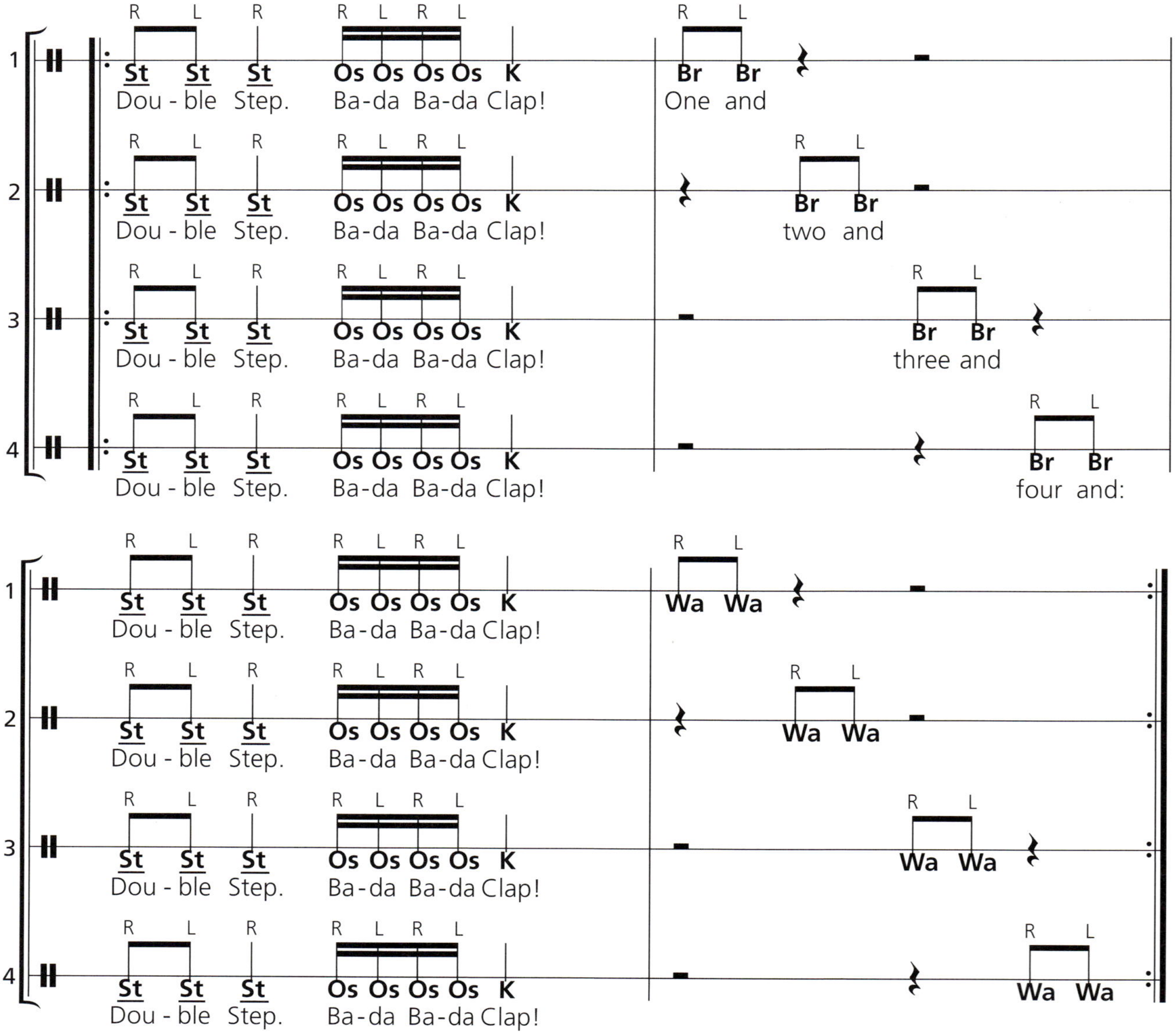

Schluss

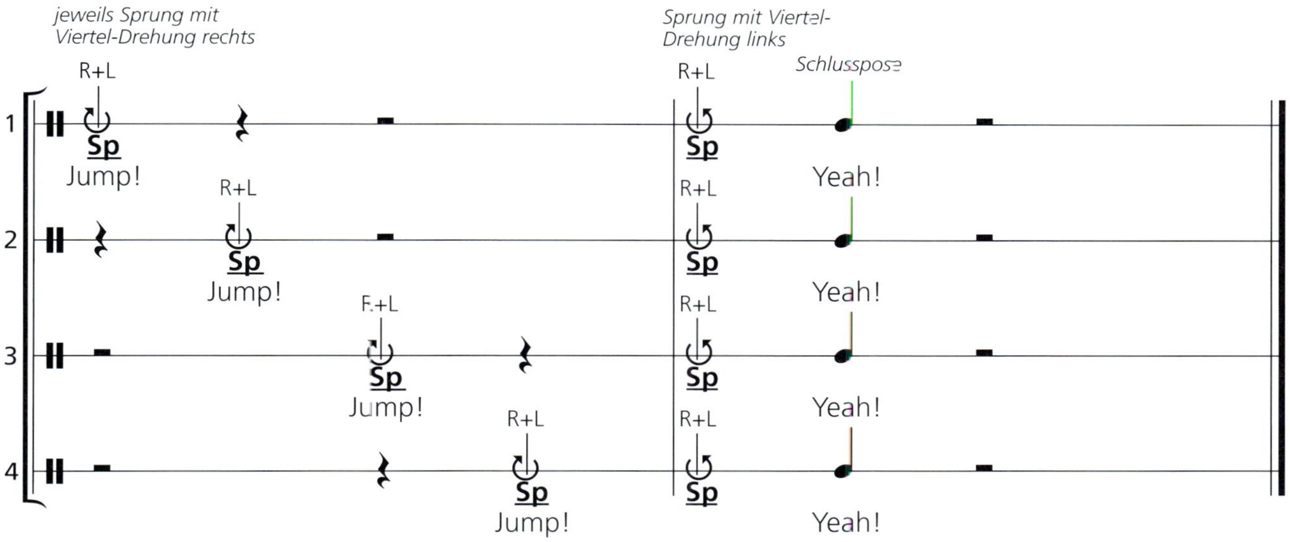

Br	=	auf den Brustkorb patschen
Sn	=	schnipsen
K	=	klatschen
Os	=	auf die Oberschenkel patschen
Ba	=	auf den Bauch patschen
LOs	=	auf den linken Oberschenkel patschen
ROs	=	auf den rechten Oberschenkel patschen
Sp	=	springen
St	=	stampfen
Wa	=	auf die Wange patschen

Für die Erarbeitung und die Aufführung können Sie die gleichen Anregungen nutzen wie bei „Rock Your Body #1“ (siehe S. 103). Ebenso können Sie den dort vorgeschlagenen Ablauf übernehmen oder aber einen eigenen entwickeln.

-> Tipps zu Erarbeitung und Performance siehe S. 103.

Unterwegs – Aufführungsstück

51

„Unterwegs“ steht als Beispiel dafür, wie aus einer Rhythmical-Idee ein Aufführungsstück werden kann. Der vierstimmige Rhythmusteil („Frage-Groove“) wird ergänzt mit einer Intro, einem offenen Groove-Teil („Unterwegs-Groove“) und drei Breaks, wovon der dritte der Schluss ist, (siehe Notat S. 106/107).

Es sind Aufführungsversionen im Stehen oder Sitzen denkbar, ebenso in einer längeren Reihe nebeneinander oder in mehreren Reihen, bei denen die einzelnen Stimmen in Blöcken stehen oder sitzen.

Ein einfaches Arrangement mit allen Teilen des Stücks sehen Sie auf der DVD (51). Im Notat (S. 106/107) ist eine Version abgebildet, bei der das Stampfen immer auf dem ersten Beat der Breaks abstoppt. Im Video hingegen läuft die Gruppe auch in den Breaks weiter. Beides kann pädagogisch und szenisch sinnvoll und richtig sein: Sei es, um die Gruppe im Beat zu halten, um das Immer-Weiter-Fahren zu symbolisieren oder um bewusst den Beat zu unterbrechen und so die Dramatik der Breaks zu unterstreichen.

-> Notat sowie Tipps zu Erarbeitung und Performance siehe S. 106/107.

Unterwegs – Aufführungsstück

51

Text und Musik: Ulrich Moritz

Intro

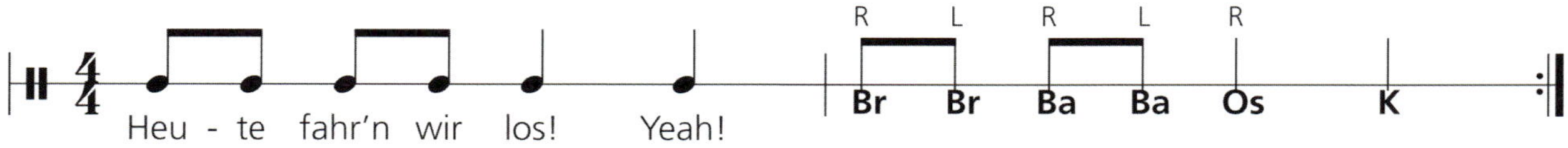

Unterwegs-Groove (mit freien Akzenten, auch auf Bauch, Brustkorb und Hüfte)

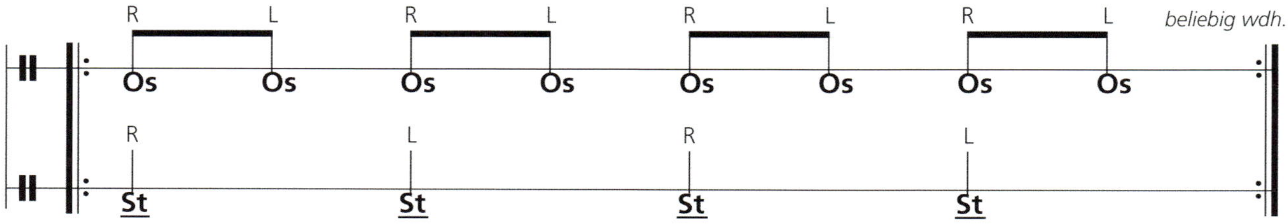

Frage-Groove (weiter Beat-Stampfen)

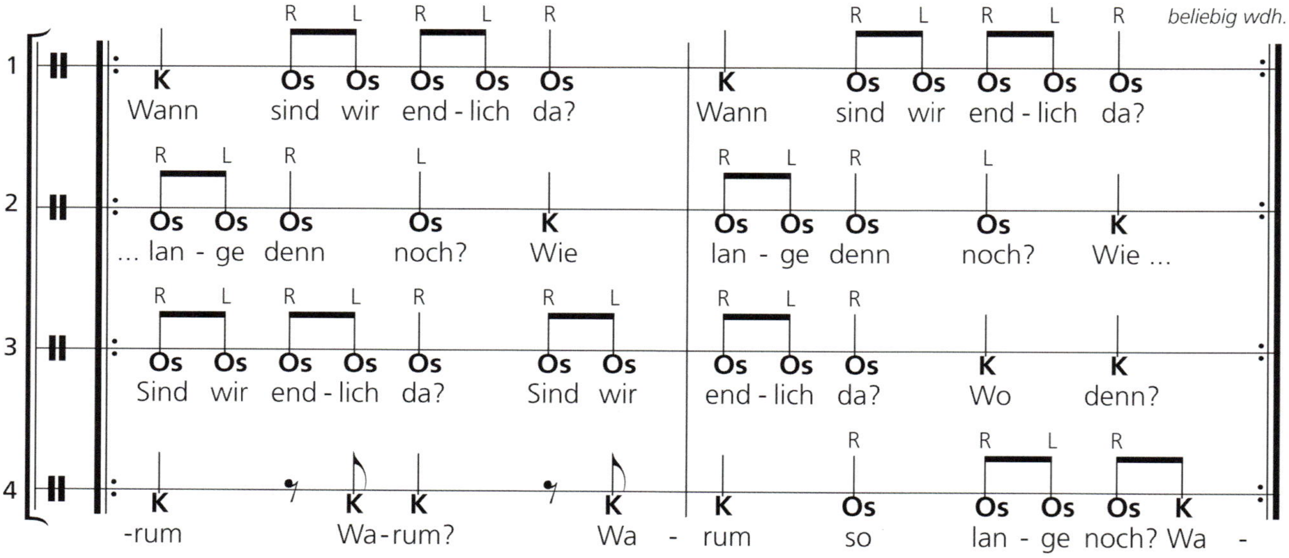

Break 1 (Stampf auf Eins, danach im ganzen Break mit allen Wdh. stehen bleiben)

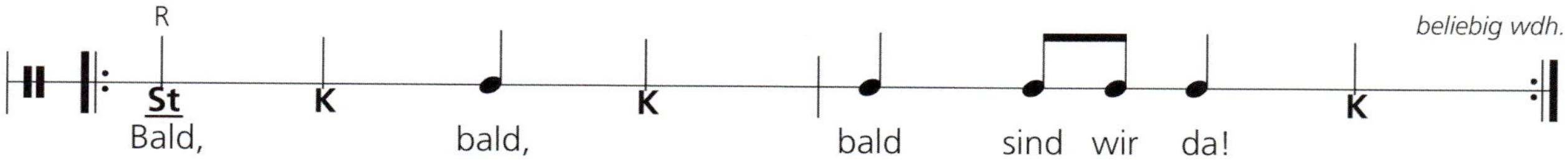

Break 2 (Stampf auf Eins, danach im ganzen Break mit allen Wdh. stehen bleiben)

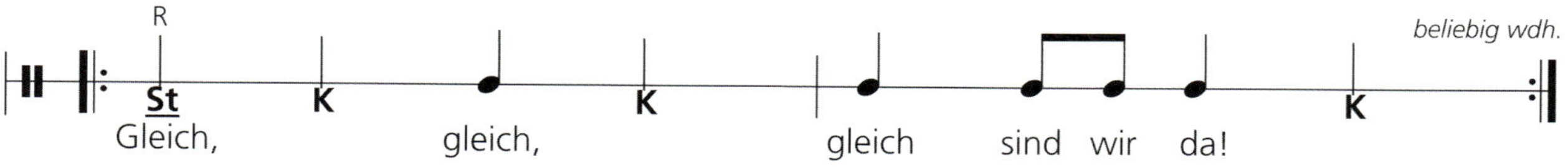

Schluss (Stampf auf Eins, danach im ganzen Break mit allen Wdh. stehen bleiben)

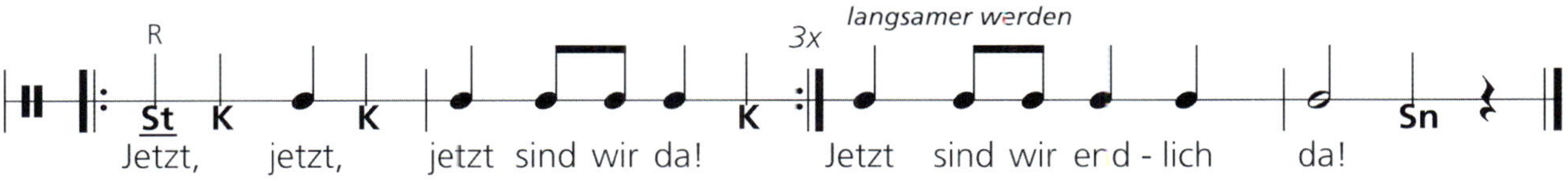

Br = **auf den Brustkorb patschen**
Ba = **auf den Bauch patschen**
Os = **auf die Oberschenkel patschen**
St = **stampfen**
K = **klatschen**
Sn = **schnipsen**

Tipps zur Erarbeitung

Der **„Unterwegs"-Groove** sieht einfach aus; jedoch ist es nicht leicht, den rhythmischen Zusammenhalt in der Gruppe zu bewahren, da die Mitspieler sich untereinander nicht gut sehen können. Wir beginnen folgendermaßen: Im Kreis üben wir mit der Gruppe, die Viertel zu stampfen und dabei Achtel auf den Oberschenkeln zu patschen. Allmählich variieren wir die Klänge, fügen Patscher auf Bauch, Brustkorb, Stuhlkante, Nachbarbeinen etc. ein (freie Akzente, siehe Notat). Oder wir probieren, mit geschlossenen Augen weiterzuspielen.

Im **„Frage"-Groove** brauchen wir für die Performance reine Sprech- und reine Bodypercussion-Phasen. Teilen Sie die Gruppe in vier Stimmen, jede spricht einen der vier Rhythmen. Dann werden auf die Fragewörter „Wann", „Wie", „Wo denn" und „Warum" die Klatscher gesetzt; kurz darauf werden die restlichen Silben mit Oberschenkel-Patschern unterlegt. Schließlich fällt die Sprache weg, der vierstimmige Bodypercussion-Groove bleibt. Der Wechsel zurück zum Sprechen sollte gut geübt werden.

In den **Breaks** können die Beat-Schritte stoppen (siehe Notat) oder durchgehen (siehe Video-Version 51). Die Mitspieler wenden sich im Break einander zu oder sprechen das Publikum direkt an – entweder beruhigend oder zusehends genervt.

Performance-Tipps

In der Sitz-Version stehen auf der Bühne etliche „Autos" – Blöcke von sechs bis acht Stühlen in Zweier- oder Dreier-Reihen. Oder wir fahren im „Bus", dargestellt mit einem großen Block Stühlen mit mehreren Vierer-Reihen.

Mit der Intro können wir auf die Bühne kommen und Platz nehmen. Wenn alle sitzen, spielen wir den Unterwegs-Groove. Dann beginnt die erste Gruppe (das erste Auto oder die erste und zweite Sitzreihe im Bus) mit dem Sprechrhythmus ihres Frage-Grooves, die anderen Gruppen kommen nacheinander dazu. Auf Zeichen beginnen die Bodypercussion-Grooves, das Sprechen endet.

Geben Sie dann das Zeichen für den Break. Die Breaks werden von allen Mitspielern gemeinsam gespielt. Nach dem ersten Break folgt erneut der Unterwegs-Groove; dann können wir den Frage-Groove anders herum aufbauen: zuerst setzt die vierte Stimme ein, dann die dritte, die zweite und zuletzt die erste Stimme.

Nach dem zweiten Break ist Abwechslung angebracht: Wir beginnen unisono mit der Bodypercussion des Frage-Grooves und rufen allmählich die Texte dazu; die Rufe werden immer drängender, bis der Schluss alle erlöst: „Jetzt, jetzt, jetzt sind wir da! Jetzt sind wir endlich da!"

-> Weitere Infos siehe auch S. 105.

Geschafft! – Aufführungsstück

52

Text und Musik: Ulrich Moritz

Refrain

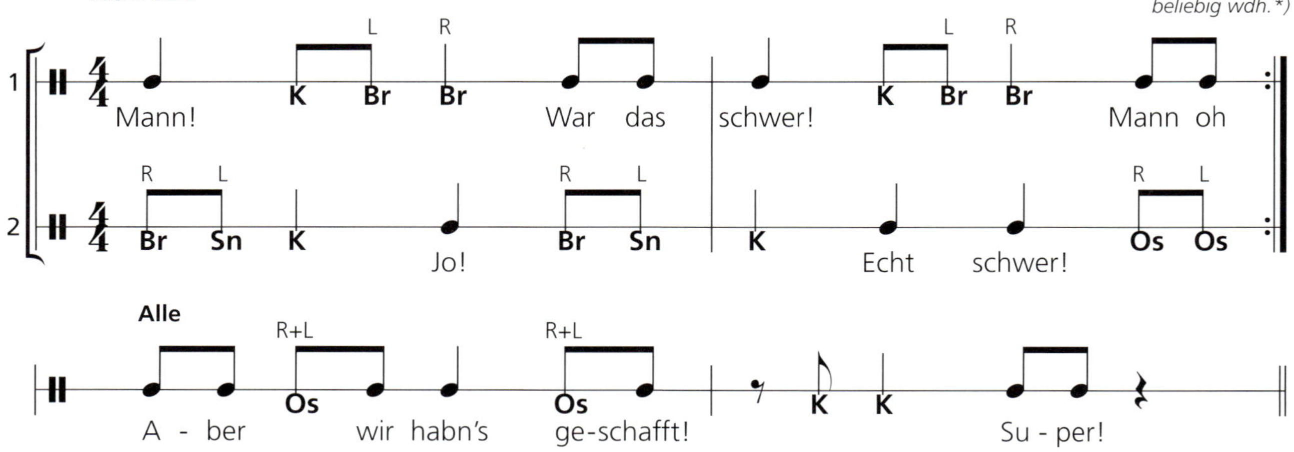

*) Bei der letzten Wdh. Pause auf dem letzten Viertel.

Bodypercussion-Strophen

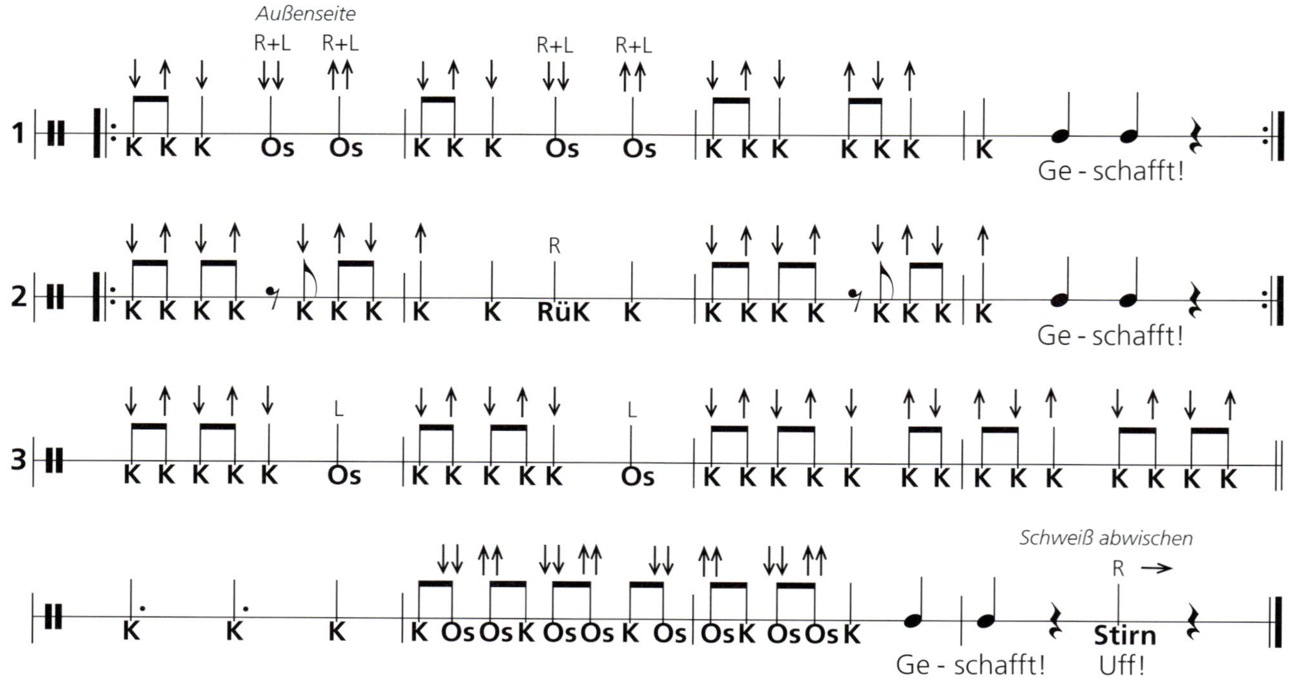

K = klatschen
Br = auf die Brust patschen
Os = auf die Oberschenkel patschen
Sn = schnipsen

RüK = auf den Handrücken klatschen
↑↓K = auf und ab klatschen
↑↓Os = die Oberschenkelaußenseite auf- und abwärts patschen (siehe Foto S. 109)

Mit diesem Stück belohnt sich die Gruppe selbst (oder jemand anderen), weil sie etwas Tolles geschafft hat – z.B. ein gelungenes Trommelstück. Der Refrain ist zweistimmig, die Bodypercussion-Strophen sind einstimmig. Jeweils in den ersten zwei Refrain-Takten wird der Viertel-Beat gestampft; auf der „Eins" des dritten Taktes erfolgt noch ein Stampfer, im dritten und vierten Takt sowie während der Strophen stehen wir still.

die Oberschenkelaußenseite auf- und abwärts patschen (↑↓Os)

Tipps zur Erarbeitung

Charakteristische Bewegung ist das Auf- und Abwärts-Klatschen, bisweilen „Feierabend-Klatscher" genannt, mit dem wir imaginären Staub von den Händen schütteln. Auch das Vorbeiwischen beider Hände an den Außenseiten der Oberschenkel (siehe Foto) hat denselben Zweck. Mit diesen Sound- und Bewegungselementen können wir **rhythmische Imitationsrunden** durchführen, bei denen jeder einmal Vormacher sein darf. Wenn Sie selbst Vormacher sind, können Sie bewusst Elemente der Bodypercussion-Strophen einsetzen und vorab üben: die Drei-Achtel-Folgen der ersten, die Vier-Achtel-Folgen der zweiten und die Fünf-Achtel-Folgen der dritten Strophe.

Performance-Tipps

Sie können „Geschafft!" in einem Konzert in drei oder vier Versionen vortragen, indem Sie die einzelnen Abschnitte getrennt präsentieren.

- Zuerst Refrain und 1. Strophe.
- Nach dem nächsten Höhepunkt: Refrain und 2. Strophe.
- Dann den Refrain mit der 3. Strophe.
- Und am Ende des Konzerts erst bekommt das Publikum das komplette Arrangement am Stück geboten!

Für ein Konzert-Arrangements „am Stück" spielen Sie:

- Refrain – 1. Strophe
- Refrain – 2. Strophe
- Refrain – 3. Strophe

Let Us Play the Groove! – Aufführungsstück

53

Text und Musik: Ulrich Moritz

Refrain (2x spielen)

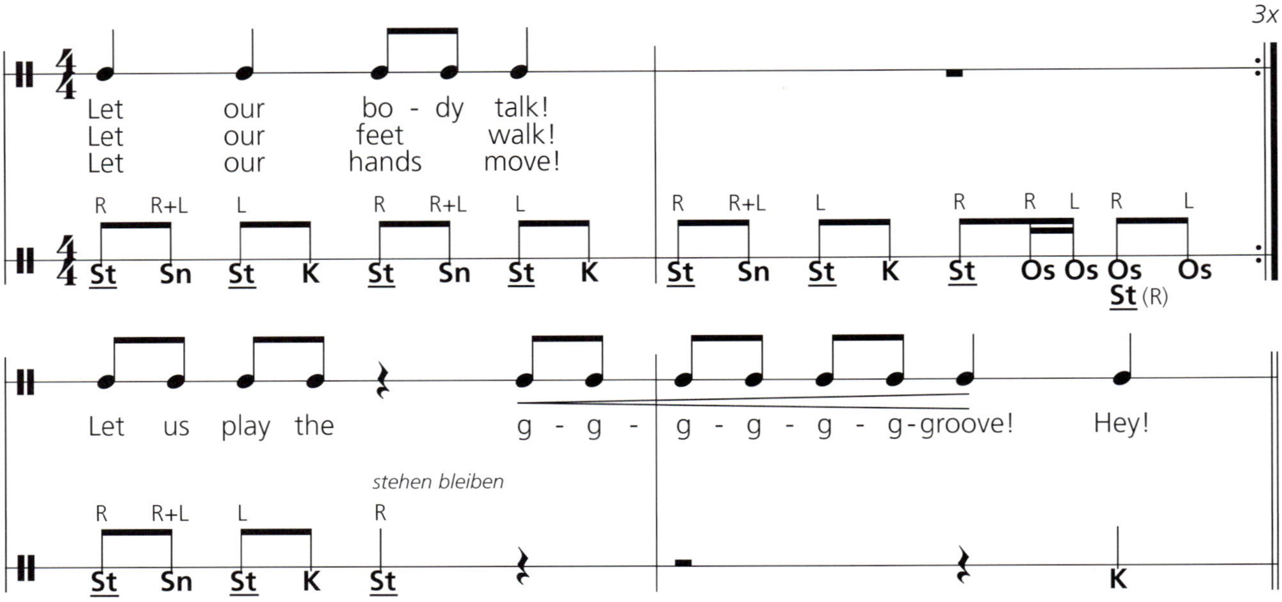

Bodypercussion-Thema 1 (wieder in Beat-Schritten stampfen)

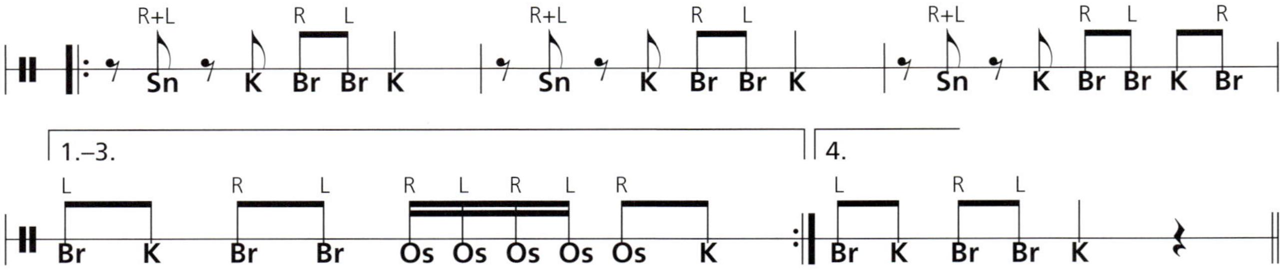

Bodypercussion-Thema 2 (ohne Beat-Schritte)

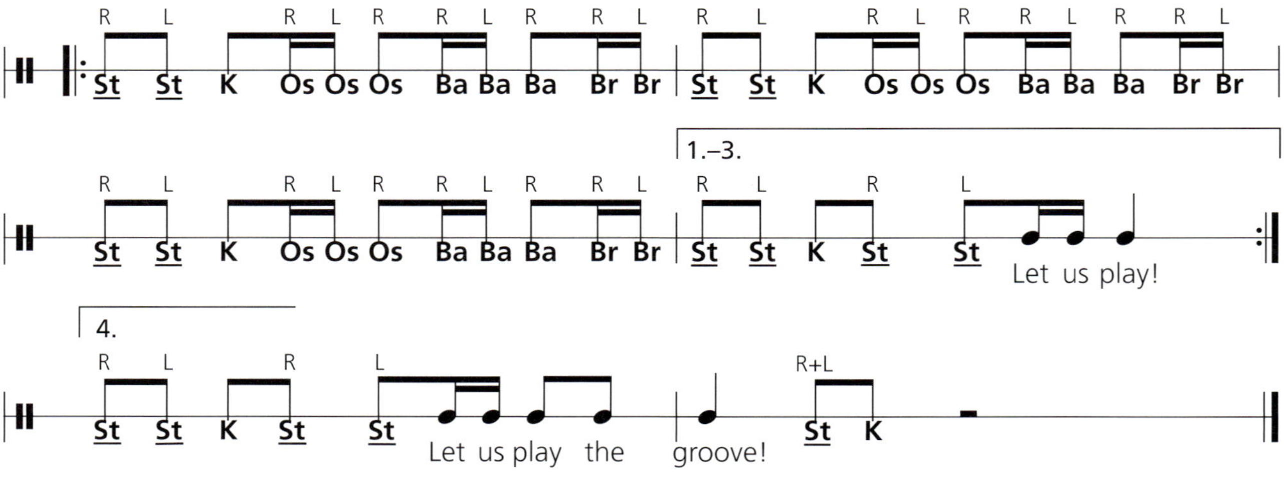

St = stampfen
Sn = schnipsen
K = klatschen
Br = auf den Brustkorb patschen
Ba = auf den Bauch patschen
Os = auf die Oberschenkel patschen

„Let Us Play the Groove!" ist ein fröhliches Stück. Wir freuen uns über unsere tollen Bewegungs- und Rhythmusfähigkeiten. Der Offbeat ist der rhythmische Motor des Refrain-Grooves. Die Spannung zwischen den Stampf-Beats und den geschnipsten und geklatschten Offbeats treibt den Refrain und den ersten Bodypercussion-Teil voran. Die Stampf-Pause am Ende des Refrains muss wirkungsvoll gestaltet werden.

Tipps zur Erarbeitung

Der Wechsel von zwei verschiedenen Offbeat-Sounds (schnipsen und klatschen) muss beherrscht werden, um locker und präzise darauf rappen zu können. Wir spielen den ersten Refrain-Takt **(Groove)** im Stehkreis:

Groove

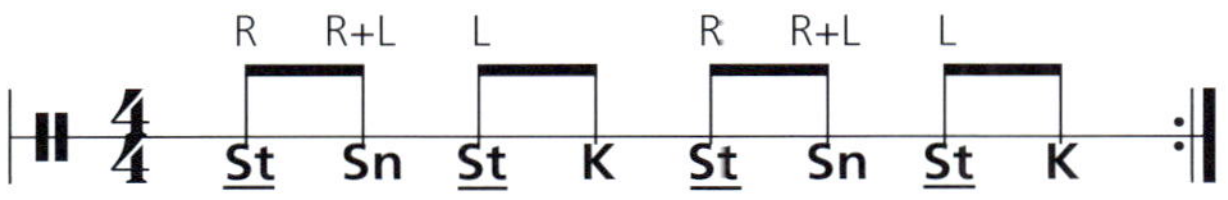

Dann laufen wir mit **Beat-Schritten** kreuz und quer durch den Raum, klatschen vielleicht einem entgegenkommenden Mitspieler in die Hände. Wir erfinden Rhythmustexte und machen **Vorsprech-Nachsprech-Übungen.** Erst wenn das alles sicher klingt und aussieht, sollten wir den richtigen Text hinzunehmen und die Oberschenkel-Sechzehntel und die abrupte „Stotter-Pause" (Takt 3 und 4) einstudieren.

Im **Bodypercussion-Thema 1** werden Elemente des Refrain-Grooves variiert, die Beat-Schritte laufen weiter.

Bodypercussion-Thema 2 setzt Achtel-Schritte sowie viele Sechzehntel-Motive mit unterschiedlichen Klängen und Text ein. Es ist ratsam, den ersten Takt dieses Themas, der sich dreimal wiederholt, langsam und etappenweise zu üben, wie folgende Schritte zeigen:

a. Zuerst spielen wir ein paar Mal das Stampf-Stampf-Klatsch-Motiv, mit Pausen auf den Zählzeiten 3 und 4.

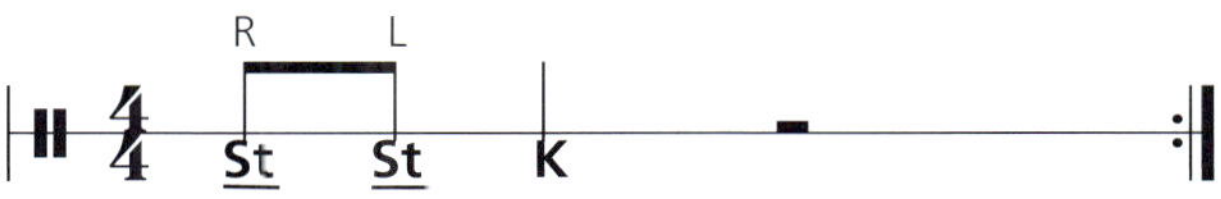

b. Dann kommen Oberschenkel-Patscher hinzu und es geht weiter bis zur „Drei", mit einer Pause auf Zählzeit 4:

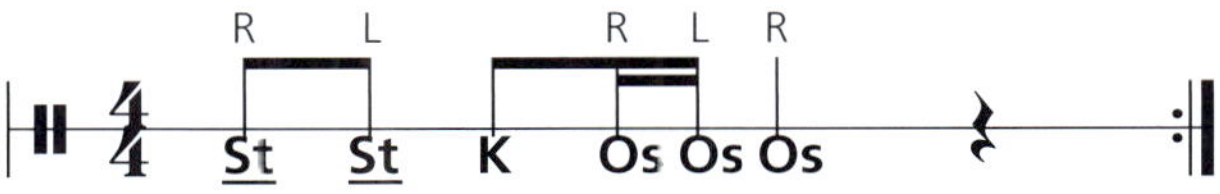

c. Als nächstes spielen wir bis zur „Vier", indem wir die Patscher auf den Bauch anhängen:

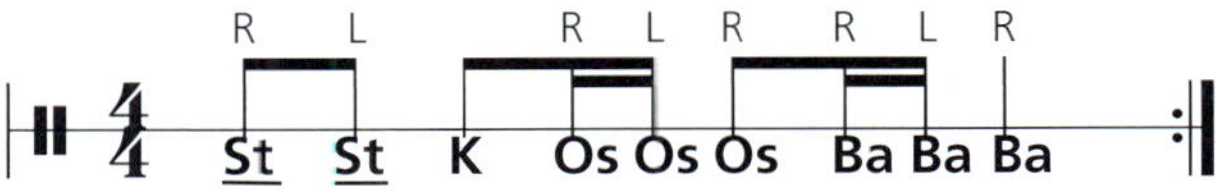

d. Nach einiger Zeit können wir die zwei fehlenden Brustkorb-Patscher am Ende einfügen:

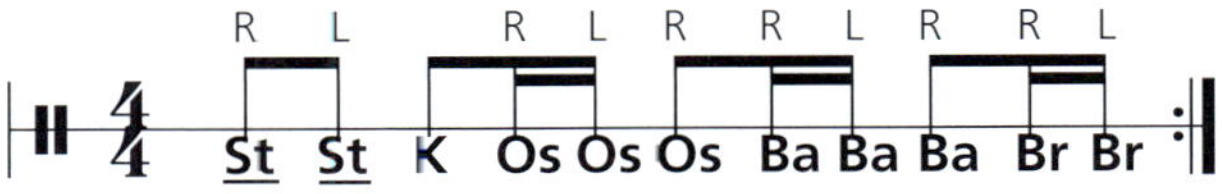

-> Performance-Tipps siehe S. 112.

Performance-Tipps zu „Let Us Play the Groove!“ (S. 110)

Wir betreten die Bühne mit dem Groove (siehe S. 111) und bewegen uns individuell und locker – die Schnipser können in unterschiedliche Richtungen zeigen. Allmählich ordnen wir uns: zur Reihe, zur Doppelreihe oder zu Blöcken. Auf Zeichen beginnen wir mit dem Refrain.

Beim ersten Thema können wir, je nach Gruppenfähigkeiten und Interesse, choreografische Elemente einbauen: vier Schritte vor, vier zurück; oder Seitwärts-Schritte, Drehungen, Gegenüberstellungen von Paaren etc.

Nach dem Thema gehen wir zum Groove zurück; fitte Schüler können darauf ein Solo spielen, oder wir nutzen diese Phase für neue choreografische Ideen. Danach folgt der Refrain und zum Schluss spielen wir das zweite Thema. Beim Bodypercussion-Thema 2 können wir die Stampfer effektvoll einsetzen:

Gemeinsam kräftig stampfend vorwärts oder rückwärts gehen oder eine Vierteldrehung einbauen; oder individuell in verschiedene Richtungen gehen; oder mit Seitran-Schritten immer nach rechts gehen, sodass sich die Gruppe durch den Raum oder zur Bühnenseite bewegt.

Das Stück endet mit dem zweiten Thema. Wenn es dramaturgisch sinnvoll ist, kann aber auch der Groove für den Bühnenabgang gespielt werden.

Möglicher Ablauf:

> 4 x Groove – 2 x Refrain
> 4 x Bodypercussion-Thema 1
> 4 x Groove – 2 x Refrain
> 4 x Bodypercussion-Thema 2

Walfisch und Thunfisch – Aufführungsstück im Sitzen

54

Ein Ziel der Rhythmuspädagogik ist, Sicherheit in verschiedenen Taktarten zu erlangen. Der 3/4-Takt wird durch die weltweite Verbreitung der Popmusik, die fast nur noch den 4/4-Takt kennt, immer seltener. Damit der Dreier-Takt den Schülern dennoch vertraut wird, sollten wir als Musikpädagogen ab und zu Spielstücke in dieser Taktart anbieten. Besonders die Drei-Beat-Bewegungsfolgen prägen sich in das Körpergedächtnis ein und helfen, diesen Zyklus mit der Zeit zuverlässiger zu verankern.

Die Zeilen über den Walfisch und den Thunfisch kursierten als Nonsens-Sprachwitz im Internet. Hier wird das kleine Gedicht zu einem eher leisen Bewegungsstück mit dezenten, absurd-witzigen Klangfolgen ausgestaltet. Die Sprechrhythmik lädt zu einer Umsetzung im 3/4-Takt ein. Die Handsätze laufen im Hand-zu-Hand-System weiter – bei den Vierteln wie bei den Achteln –, sodass die Brustkorb- und Handrücken-Klatscher mit wechselnden Händen gespielt werden.

Br = auf den Brustkorb patschen
Ba = auf den Bauch patschen
Os = auf die Oberschenkel patschen
Sn = schnipsen

RüK = auf den Handrücken klatschen (siehe Foto S. 61)
Wa = auf die Wange patschen
Kn = auf die Knie patschen
Plopp = die flache Hand auf geöffneten Mund schlagen

-> Tipps zu Erarbeitung und Performance siehe S. 114.

Walfisch und Thunfisch – Aufführungsstück im Sitzen

54

Text: Unbekannt / Musik: Ulrich Moritz

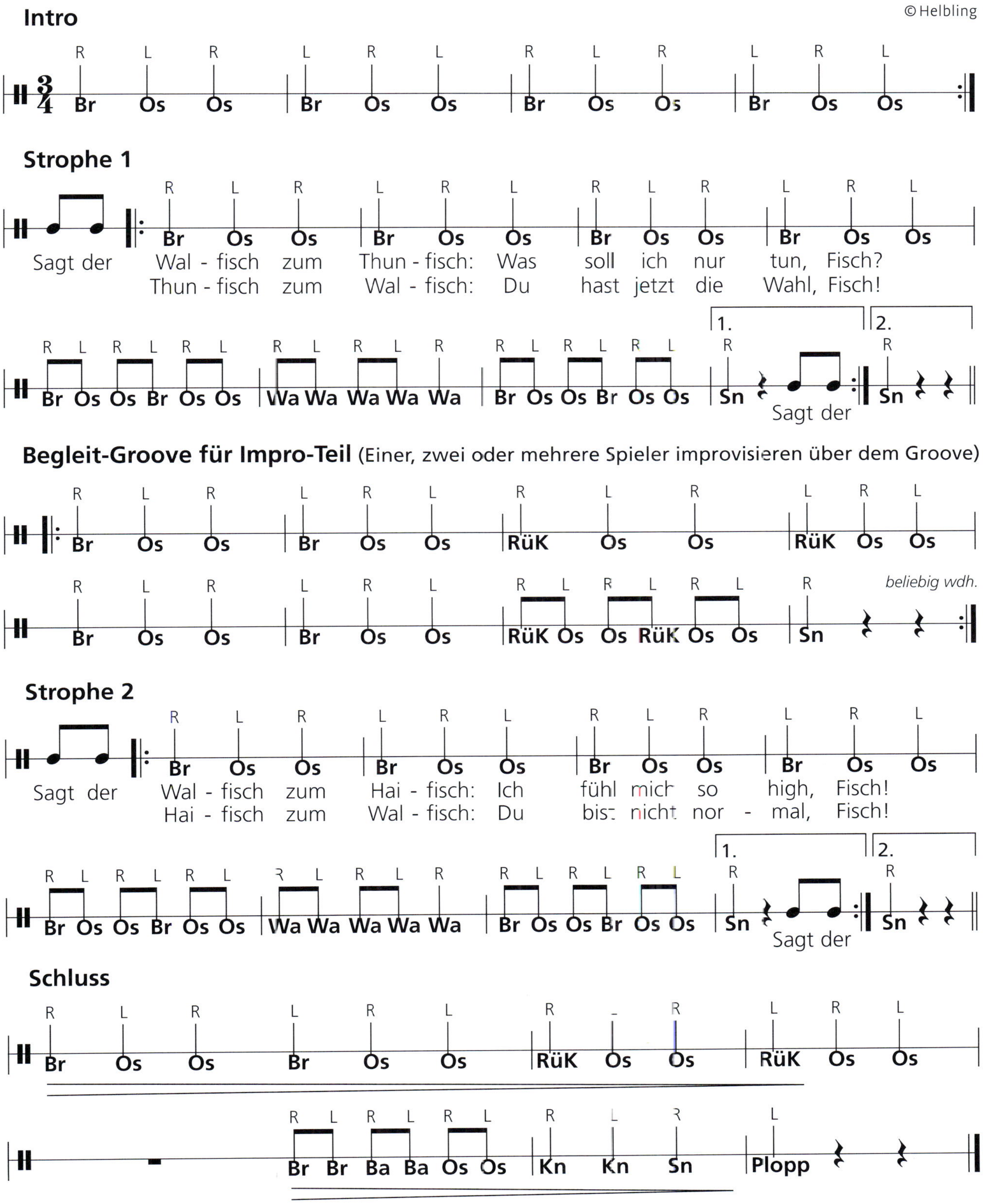

Tipps zur Erarbeitung von „Walfisch und Thunfisch" (S. 113)

Probieren Sie eine **Vorsprech-Nachsprech-Begrüßungsrunde** auf der Bewegungsfolge der Intro. Anfangs können die Texte einen Takt lang sein, später werden sie zweitaktig. Jeder kann einmal Vorsprecher sein. Dann wird das Bewegungs-Ostinato mit dem Vorspielen von **Bodypercussion-Rhythmen** unterbrochen. Spielen Sie zu Beginn ein 3/4-Takt-Pattern zweimal vor, alle wiederholen die beiden Takte (Beispiele 1 und 2). Danach erweitern Sie die Länge zu zweitaktigen Rhythmen (Beispiele 3 und 4).

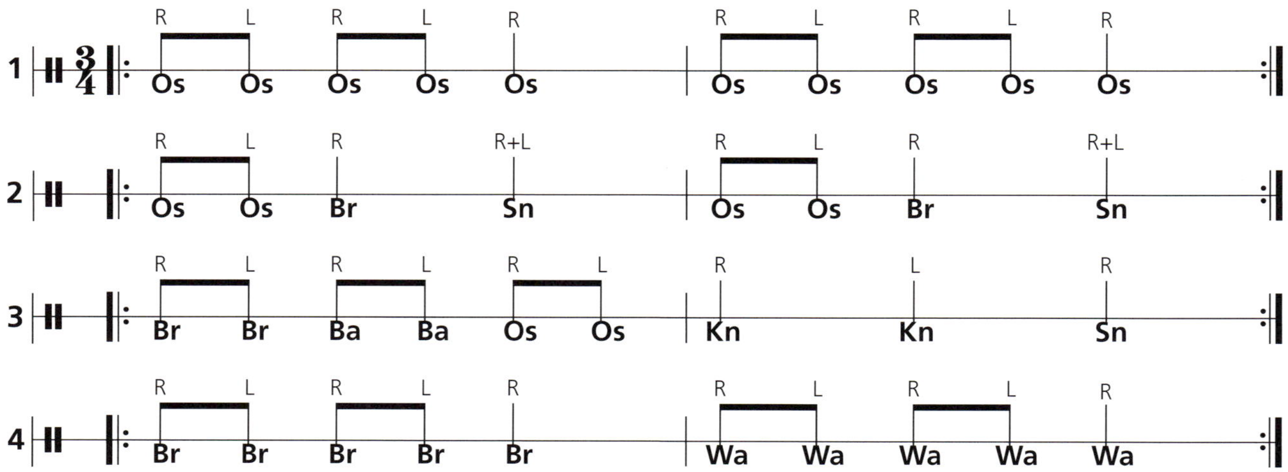

Nach jedem vorgespielten Rhythmus kehren wir zu unserem Ausgangspattern zurück. Mit dieser Methode können wir die Sicherheit im 3/4-Takt verbessern und die Elemente des Stücks spielerisch einführen, bevor wir an die vorgegebenen Takte und Abläufe gehen.

Performance-Tipps

„Walfisch und Thunfisch" ist für einen Sitzkreis bzw. bei einer Aufführung für eine Sitzreihe gedacht. Ebenso kann das Stück im Stehen gespielt werden, der „Weg" von den Brustkorb- zu den Oberschenkel-Patschern ist dann allerdings etwas weiter.

Die Bewegungsfolge der Intro wird mit vokalen Blubber- und Wellengeräuschen begleitet. Die Strophentexte können auf zwei Gruppenhälften verteilt werden. Der Improvisationspart ist eine Gelegenheit für die rhythmisch Fitten, ein virtuoses „wassertypisches" Bodypercussion- oder Vokal-Solo zu wagen. Die Achtel im siebten Takt des Begleitrhythmus signalisieren: Achtung, gleich ist die achttaktige Form vorbei!

Der Decrescendo-Schluss stellt das Abtauchen dar; nur eine Luftblase schwebt nach oben und platzt mit einem leisen „Plopp".

Möglicher Ablauf:

- 2 x Intro (ohne Improvisation)
- Strophe 1
- 4 x Impro-Teil mit wechselnden Solisten
- Strophe 2
- 1 x Groove (ohne Improvisation)
- Schluss

Die Autoren

Dr. Richard Filz

Musiker, Autor, Dozent, Pädagoge

Ulrich Moritz

Schlagzeuger und Perkussionist, Dozent, Pädagoge, Autor

Geboren in Wiener Neustadt, Österreich. Drumset und Latin Percussion Masterstudium an der Konservatorium Wien Privatuniversität bei Prof. Walter Grassmann und am New Yorker Drummers Collective. 2012 an der Universität für Musik und darstellende Kunst Wien mit dem Thema „Rhythm Coaching – Aspekte, Methoden, Vergleich" promoviert.

Konzerte und Tourneen mit Threeo, Rick Margitza, Bob Berg, Joseph Bowie, Bob Mintzer, Kei Akagi, Erich Kleinschuster, Juci Janoska, Austrian Jazzorchester, Sigi Finkel, Richard Graf, Macheiner/Barnert/Filz, Viktor Gernot, Uwe Kröger, Mischa Krausz, Christina Zurbrügg, Albert Kreuzer & Rubberfinger u.a. Mitwirkung bei 85 CD-Produktionen.

Leiter und Initiator der Ensembles „Die Dorftrommler", „Rhythm Xing" und „Richard Filz & Acoustic Instinct". Lehrtätigkeit am Landeskonservatorium Eisenstadt (Österreich) in den Bereichen Schlagzeug, Percussion Ensemble, Jazz Rhythmik, Didaktik und Lehrpraxis. Internationale Dozententätigkeit.

Preise und Auszeichnungen: Gewinner des österreichischen Musikschulförderpreises (1998), Preisträger des Jeunesse Ideenwettbewerbs „Find it" (2000), Kulturpreisträger des Landes Niederösterreich (2003), Kulturpreisträger der Stadt Wiener Neustadt (2006). VDS - Medienpreis (2008/2010).

Publikationen: „Rhythm, Sound & Colour" für Percussion-Ensemble (Peer Musikverlag, 1998), World Music „Cuba" (UE, 2000), „Vocal Percussion 1–3" (UE, 2002), „Groove Karaoke" (UE, 2003), „Rhythm Coach Level 1 + 2" (UE, 2004/2007), „Rap, Rhythm & Rhyme – Vocal Percussion in der Klasse" (UE, 2006), „Rhyth:MIX 1 + 2" (Helbling, 2008/2009), „Rhythmus für Kids 1 + 2" (UE, 2008/2010), Lehr-DVD „Vocal Percussion Basics" (UE, 2009), „Rhythm Voices" (UE, 2009), „Magic Groove Box" (Helbling, 2010), „Body Percussion Sounds and Rhythms" (Alfred, 2011), „Rhythmus aus der Schultasche" (Helbling, 2012), „BodyGroove Kids 1" (Helbling, 2012), „BodyGroove Advanced" (Helbling, 2014), „Rhythm Start-Ups für Chor und Klasse (Helbling, 2014). Veröffentlichungen in Schlagzeug-Fachzeitschriften (Drum Heads) und in Musikpädagogik-Journalen („mip-journal", „PaMina", „Klasse Musik", „Üben und Musizieren").

Geboren in Wilhelmshaven. Parallel zum Kunst- und Germanistikstudium in Berlin Unterricht bei namhaften Jazzdrummern und Perkussionisten aus Europa, Afrika, Lateinamerika, Indien. Schlagzeuger und Perkussionist in Jazz- und Rockbands, in Ensembles für improvisierte Musik und in Weltmusik-Gruppen.

Mitwirkung bei ca. 100 CD-Produktionen mit Charlie Mariano, Mikis Theodorakis, Maria Farantouri, Georgeos Theodorakis, Wu Wei, Die Elefanten, Sema & Taksim, Zülfü Livaneli, Lauren Newton, Ack van Royen, Silent Jazz Ensemble, Carlo Domeniconi, Volker Schlott Quartett, Jocelyn B. Smith, Liquid Soul u.a. Internationale Konzerttourneen und Festivals.

Lehrtätigkeit als Schlagzeug-, Perkussions- und Rhythmuslehrer an der Universität der Künste Berlin, der Hochschule für Musik Hans Eisler Berlin, der Landesmusikakademie Berlin, der Internationalen Gesellschaft für musikpädagogische Fortbildung, der Musikschule Neukölln. Leiter des Zentrums für Percussion „groove" in Berlin. Internationale Dozententätigkeit.

Preise und Auszeichnungen: Preisträger der Deutschen Phonoakademie; Preis der deutschen Schallplattenkritik (mit dem Volker-Schlott-Quartett); Neuköllner Kulturpreis (mit dem Modern-Jazz-Quartett „Zoom"); Musica-Vitale-Preis (mit Wu Wei).

Publikationen: „Trommeln ist Klasse! Band 1 + 2" (Helbling, 2008/2011), „Magic Groove Box" (Helbling, 2010), „BodyGroove Kids 1" (Helbling, 2012), „BodyGroove Advanced" (Helbling, 2014), „Fantastic Plastic Grooves" (Helbling, 2014). Veröffentlichungen in musikpädagogischen Zeitschriften („mip-journal", „PaMina", „Musik und Unterricht") und in der „Musiktherapeutischen Umschau".

Inhalt DVD

Videoaufnahmen

Kapitel 1: Die fünf Körperklänge

Nr.	Spielstück	Dauer
01	Klatschen – das kann jeder	01:00
02	Beat Your Body	00:32
03	Schnips-Reise	00:51
04	Sonderbar	00:50
05	Beat, Beat, Beat	01:01

Kapitel 2: Warm-ups

Nr.	Spielstück	Dauer
06	Cooler Auftritt	00:34
07	Let Me Hear You Drum	00:27
08	Up and Down	01:11
09	Fliegenjagd	00:54
10	Happy Feet	01:00

Kapitel 3: Rhythmustraining

Nr.	Spielstück	Dauer
11	Beat Is in the Feet	01:21
12	Eins, zwei, drei – ist doch nix dabei	00:40
13	Hand zu Hand (Version 1 und 2)	02:08
14	Vier Klatscher	00:33
15	Überraschungsei	01:38
16	Offbeats	01:01
17	Vitamine	00:26
18	Universalrhythmus	00:40
19	Auszeit	00:31

Kapitel 4: Kreisspiele

Nr.	Spielstück	Dauer
20	Who Let the Frog Out?	01:15
21	Jamaica	00:35
22	Voll Elan	00:20
23	Blauer Fleck	01:17
24	Dreiecke	01:08
25	Autobahn	01:11

Kapitel 5: Rhythmen und Fills

Nr.	Spielstück	Dauer
26	Rock-Rhythmen (ohne Hi-Hat-Snaps)	01:04
27	Rock-Rhythmen (mit Hi-Hat-Snaps)	01:03
28	Hip-Hop-Rhythmen (ohne Hi-Hat-Snaps)	00:46
29	Hip-Hop-Rhythmen (mit Hi-Hat-Snaps)	00:44
30	Ganztaktige Fills	00:45
31	Kurze Fills	00:44

Kapitel 6: Kanons

Nr.	Spielstück	Dauer
32	Alles klar?	01:17
33	Just for Fun	00:22
34	Cool Down	00:23
35	Guter Vorsatz	00:22
36	Wetter-Kanon	00:20
37	Rhythm Is in the Air	00:22
38	Turn up the Bass	00:19
39	Was ist ein Kanon?	01:19
40	Mückenstich	00:31
41	Das ist mein Stuhl	00:36

Kapitel 7: Rhythmicals

Nr.	Spielstück	Dauer
42	Are You Ready? (Version 2)	01:02
43	Happy Birthday	01:01
44	Frohe Weihnachten	01:02
45	Was ist Rhythmus?	01:43
46	Guten Morgen	01:52
47	Wer war's?	01:53
48	Let's Go Cha-Cha-Cha	01:47

Kapitel 8: Aufführungsstücke

Nr.	Spielstück	Dauer
49	Wetterfrosch, wach auf!	00:53
50	Rock Your Body #1	01:11
51	Unterwegs	02:15
52	Geschafft!	01:11
53	Let Us Play the Groove!	01:34
54	Walfisch und Thunfisch	01:21

Audioaufnahmen*

Nr.	Soundtrack	Dauer
01	Übungsloop 1 (4/4-Takt, 85 bpm)	03:42
02	Übungsloop 2 (4/4-Takt, 100 bpm)	03:44
03	Übungsloop 3 (4/4-Takt, 110 bpm)	03:35
04	Übungsloop 4 (4/4-Takt, 120 bpm)	03:39
05	Übungsloop 5 (3/4-Takt, 100 bpm)	03:03

*Abspielbar über das DVD-Menü am DVD-Player bzw. mit einem entsprechenden Player am Computer oder downzuloaden als MP3s über den Explorer Ihres Rechners im Ordner „Uebungsloops".